HEINZ G. KONSALIK

DAS EINSAME HERZ

Roman

WILHELM HEYNE VERLAG
MÜNCHEN

HEYNE ALLGEMEINE REIHE
Nr. 01/9131

Erweiterte Ausgabe des bereits in der Allgemeinen Reihe
erschienenen Titels (01/6593).

8. Auflage
1. Auflage dieser Ausgabe

Copyright © 1985/1994 by Autor und AVA Autoren- und
Verlagsagentur GmbH, München Breitbrunn
Wilhelm Heyne Verlag GmbH & Co. KG, München
Printed in Germany 1995
Umschlagillustration: Zefa / Mehlig, Düsseldorf
Umschlaggestaltung: Atelier Ingrid Schütz, München
Satz: Buch-Werkstatt GmbH, Bad Aibling
Druck und Bindung: Ebner Ulm

ISBN 3-453-07583-8

1

Durch den staubigen Sand der Landstraße mahlten die Räder.

Knarrend schwankte der hölzerne, gelb lackierte Kasten der Postkutsche auf den ächzenden, morschen Achsen, um die der Staub wirbelte und die Steine hochgeschleudert wurden, während die beiden müden Pferde an der langen Deichsel die Beine kräftiger nach vorn warfen, die nahe Poststation und damit Ruhe und volle Tröge witternd. Der schläfrige Postillion auf dem breiten Bock, hinter dem sich die Koffer, Kisten und Säcke zu Bergen stauten, wohl verschnürt mit einem dicken Seil, das den ganzen Wagen kreuz und quer von dem Dach aus überspannte, griff widerwillig zu seinem Horn und setzte es an den Mund.

»Eine Pulle Schnaps wäre besser«, murmelte er und blies dann ins Horn, daß der Ton von den Bergen widerhallte und im langsam verebbenden Abendrot zitternd untertauchte.

Im Innern der Kutsche saßen, durch die hüpfenden Räder hin und her geschleudert, zwei Männer und eine ältere Frau, die durch eine Lorgnette hinaus in die abendliche Landschaft blickte und ab und zu ihre Mitreisenden durch schrille Ausrufe des Erstaunens oder des Schreckens aus einem gefühllosen Halbschlaf aufschreckte.

»Messieurs«, rief sie eben schrill. »Stimmt es, daß in dieser Gegend schon zweimal eine Postkutsche aus Chemnitz überfallen wurde? Mon Dieu – die Gegend ist so wild –, sehen Sie bloß die dunklen Berge, die schwarzen Wälder; wenn nun ein Dieb hinter der nächsten Biegung lauert.«

Und da die Herren keine Antwort gaben, zeterte sie: »Die Kutsche aus Chemnitz…«

»Wir sitzen in einer Kutsche aus Dresden«, sagte der ältere der Herren laut und grollend im Spott. »Das wissen die Räuber. Zudem sind wir zwei Männer, die mit der Pistole wohl umzugehen verstehen – meinen Sie nicht auch, Herr Nachbar?«

Der Angeredete war ein junger Mann von knapp zwanzig Jahren. Unter den hellen blonden Haaren wölbte sich eine hohe Stirn, die dem blassen Gesicht mit den großen, fast immer erstaunt blickenden Augen die Form eines geistigen Träumers verlieh, während der schmale Mund über der leicht gebogenen, zartsatteligen Nase stets zu einem wehmütigen Lächeln bereit schien. Sein grauer Reiserock über den gestreiften, engen Hosen mit den Schuhstegen, die sauberen, gepflegten Lackschuhe und der zierliche biegsame Stock mit der Elfenbeinkrücke, der zwischen seinen Beinen stand, verstärkten den Eindruck eines vornehmen, aber in der Tiefe des Wesens ein wenig scheuen Edelmannes.

»Ich würde lieber eine Salbe mischen, als mit einem Revolver um mich schießen«, gab der junge Reisende zur Antwort. »Mir scheint aber, daß die Furcht der Dame unbegründet ist. Die Gegend ist zwar wild, denn unser Erzgebirge ist nun einmal ein von Menschen wenig betretenes Land, aber vor Räubern könnte man weniger Furcht haben als vor dem Zustand der schrecklichen Straßen.«

So schicklich er gesprochen hatte, so erregt war die

Dame mit der Lorgnette. Sie betrachtete den Herrn eine Zeitlang, ehe sie wieder aus dem Fenster schaute und sich an dem Rahmen festhielt, als die Kutsche mit lautem Gepolter durch ein tiefes Loch der Straße holperte.

»Parbleu!« rief sie dabei. »Die Straßen in Deutschland sind greulich! Gibt es hier keinen Landesherren, der für das Wohl der Reisenden zu sorgen hat?«

»Die Straßen sind das Andenken des Herren Napoleon«, antwortete der Ältere giftig, indem er dem Jüngeren zublinzelte, sich an dem Gespräch zu beteiligen. »Wenn er heuer nicht auf St. Helena säße, würde man ihn wohl zwingen können, auch diese Straße wieder aufzubauen.«

Die Dame schwieg. Dann, nach einer ganzen Zeit, als besinne sie sich auf ihr Franzosentum, bemerkte sie laut: »Ich glaube, daß Napoleon, wenn er noch in Deutschland wäre, anderes täte, als Straßen aufzubauen.«

Die Pferde draußen in der Deichsel rissen kräftiger an den Seilen.

Die Straße stieg jetzt ein wenig an, um hinter dem Berg leicht abzufallen und auszulaufen in die nahe Poststation, einen kleinen Ort mit Namen Frankenberg, der indes als Kuraufenthalt und Erholungsstätte weithin gerühmt wurde. Der Postillion auf dem Bock schmetterte schon seinen Willkommensgruß über den Berg und schob den Lackzylinder in den Nacken, während er fester die Peitsche griff.

Das Abendrot war verblaßt, eine fahle Dämmerung schlich von den Bergen ins Tal, ein kühler, herbstlicher Wind rauschte in den Tannen und fegte den Staub von der Straße in kleinen Wirbeln fort.

Die Wiesen an den Hängen wurden bläulich-grün, und über den Himmel schoben sich violette Wolken, die an den Rändern schon begannen schwarz zu werden.

Im Innern der Post war das Gespräch weitergegangen.

Die Dame, immer noch in der Angst, überfallen zu werden, hatte sich den Herren als eine Frau von Colombique vorgestellt, während der ältere der Herren knurrend seinen Namen – Herr von Seditz – nannte. Allein der Jüngere erhob sich leicht, verbeugte sich mit allem Anstand und sagte, daß er Otto Heinrich Kummer heiße und geradewegs aus Dresden komme.

Die Dame blickte auf und musterte den Edelmann genauer.

»Kummer? Kummer?« Sie sprach das »u« wie ein »ü« und dehnte das »er« wie ein wohlgenährtes »ä« – Kümmäär. »Monsieur Kummer? Ich kannte einen Monsieur Kummer in Dresden. Einen – wie sagt man doch – einen Monsieur Münzmarschall.«

»Das ist mein Herr Vater!« rief der junge Reisende erfreut und stolz aus. »Sie kennen meinen Vater, Madame?«

»Excellent! Ein vorzüglicher Mann. Klug, witzig mit Esprit, wie er in Paris in den Salons zu finden ist. Ich lernte ihn kennen bei einem Hofball – er stand in der Hofloge und machte mir ein entzückendes Honneur.«

Die Dame lächelte und nickte dem Herren zu, sich wieder zu setzen.

Otto Heinrich Kummer, dem die Gesellschaft der Frau von Colombique in keiner Weise mehr belästigend war, warf sich in das harte Polster der Bank zurück und nahm den Stock wieder zwischen seine Knie.

Knurrend blickte Herr von Seditz aus dem Fenster in die beginnende Dunkelheit.

»Ihr Herr Vater ist ein stattlicher Mann«, führte die Dame die Unterhaltung nach einer kurzen Pause fort. »Ganz anders als Sie, Monsieur. In meiner Heimat sagt man: Sie müssen mehr Klöße essen!« Sie lachte leise und klappte die Lorgnette auf und zu.

»Sie sehen so blaß und abgespannt aus – Sie fahren sicherlich zur Kur nach Frankenberg.«

»Mitnichten«, antwortete Otto Heinrich lächelnd. »Ich trete in Frankenberg eine neue Stelle an.«

»Oh – eine Stellung? In diesem Nest?«

»Die Wahl fiel auf Frankenberg, weil mein Herr Vater gute Verbindungen zu meinem neuen Herren besitzt. – Ich bin Apotheker, Madame – und Kranke gibt es in Frankenberg ebenso wie in Dresden.«

»Sehr edel«, nickte Frau von Colombique. »Apotheker. Soso – kennen Sie ein Mittel gegen den Schlagfluß?«

Herr von Seditz, der der Unterhaltung mit sichtlichem Widerwillen gefolgt war, nickte nun an des Jüngeren Stelle, und ein höhnisches Lächeln glitt über seine braungebrannten, männlich-herben Züge.

»Weniger essen«, sagte er laut, indem er die Dame musterte und einen langen Blick auf der rundlichen Fülle ihres Leibes und Busens haften ließ. »Essen ist zwar eine der angenehmsten Beschäftigungen – aber Frauen sollten sich mäßigen.«

Die Unterhaltung war durch diesen unliebsamen und ungalanten Einwurf beendet, sehr zum Bedauern des Apothekers, der gerne noch ein paar Kleinigkeiten über seinen Vater gehört hätte. Aber Frau von Colombique drehte den beiden Reisenden brüsk die Schulter zu, sah aus dem Fenster in die sternenlose Nacht hinaus und klammerte sich nur einmal am Fensterrahmen fest, als die nun abfallende Straße die Kutsche in einen holpernden Galopp brachte.

Herr von Seditz nickte in der Dunkelheit seinem Gefährten zu. Dann beugte er sich vor, legte seine Lippen an das Ohr Otto Heinrichs und flüsterte:

»Sie sollten vorsichtiger sein, Herr Kummer. Ich kenne Ihren Herrn Vater besser als diese alte Schachtel – und ich kenne auch Sie!« Und als der Apotheker verwundert zusammenzuckte, zischte Seditz: »Psst! Das Weib reist ohne Paß – genügt Ihnen das? Sie mußte aus Dresden flüchten, weil sie eine unliebsame Staatsaffäre wegen – na sagen wir – Spionage aufgewirbelt hat. Ihr Herr Vater erkannte rechtzeitig den wahren Grund ihrer Anwesenheit, und nur mit List entging sie den Schergen. Jetzt reist sie ins Kursächsische und dann weiter nach Thüringen.«

»Aber warum verhaftet man sie dann nicht?« fragte Kummer ein wenig argwöhnisch.

»Sie hat durch den französischen Gesandten in Dresden einen ›laissez passer‹ erwirkt, der sie für Sachsen sozusagen fangunmöglich macht!«

Dem Apotheker stand für einen Augenblick der Atem still, indem er in die dunkle Ecke starrte, wo er die Umrisse der füllegen Gestalt schattenhaft bemerkte.

»Und Sie, Herr von Seditz?«

»Ich bin ihr Schatten. Ich reise mit der Extrapost voraus, um sie in Thüringen in Empfang zu nehmen. Den Beweis haben wir erst, wenn sie in wenigen Tagen ohne Papiere über die Grenze zu kommen versucht.«

Er legte den Finger auf die Lippen und schwieg.

Das Rattern des Wagens und das knarrende Schwanken waren die einzigen Geräusche in der Dunkelheit, bis die Lichter eines Gasthauses um eine Wegbiegung erschienen.

»Frankenberg«, sagte Seditz und reckte seine große, kräftige Gestalt.

»Ja – Frankenberg«, sagte auch Otto Heinrich Kummer, und seine Stimme klang ein wenig traurig und belegt. Er schaute aus dem Fenster dem näher kommenden Licht entgegen, zog seine Halsbinde gerade und nestelte aus dem kleinen Gepäcknetz eine kleine Reisetasche hervor. Er öffnete sie, entnahm ihr ein kleines Paket und steckte dies in die Tasche seines Reisemantels, den er gefaltet über seine Knie legte.

Auch Frau von Colombique wurde munter und schaute unruhig aus dem Fenster, als die Kutsche mit einem harten Ruck vor der hellerleuchteten Türe des Gasthofes hielt und der Wirt mit seinem runden Käppchen an den Wagenschlag trat.

»Willkommen in Frankenberg«, sagte er und riß die Tür auf. »Reisen die Herrschaften weiter?«

»Zum Teil«, antwortete Herr von Seditz. »Wann geht die nächste Post?«

»Morgen um fünf in der Frühe«, beeilte sich der Wirt zu sagen. »Es sei denn, Sie nehmen die Extrapost! Kommt in der Nacht an. So gegen zwölf.«

»Die nehme ich«, sagte Seditz, und auch die Dame nickte zustimmend.

Dann stiegen sie aus, während die Knechte schon die Pferde abschirrten und die Gepäckstücke abschnallten, eine mühevolle Arbeit, denn Frau von Colombique kam mit dem Zählen ihrer Koffer nicht zum Ende und vermißte laufend Stücke, die dann nach wenigen Minuten vom Dach der Kutsche gehoben wurden.

»Sie werden sicherlich erwartet«, sagte Seditz zu Otto Heinrich Kummer, der sich mehrmals umschaute. »Leben Sie wohl, junger Freund. Ich habe Ihren Herrn Vater schätzengelernt und würde mich für Sie freuen, wenn Sie einmal so würden wie er. Meine besten Wünsche sind bei Ihnen. Und wenn Sie einmal einen Freund brauchen, so schreiben Sie an mich nach Dresden.«

Er drückte dem verwunderten Apotheker die Hand und wandte sich dann ab, dem Wirte und der Frau von Colombique in die Wirtschaft zu folgen.

Kopfschüttelnd sah ihm Otto Heinrich Kummer nach, nahm seinen Koffer und seine Bündel auf, ging um den Gasthof herum auf die Straße, die nach Frankenberg hineinführte, und sah sich dann wieder wartend um, ob niemand gekommen sei, ihn nach der langen Fahrt abzuholen.

Aber die Straße war leer, kein Mensch war zu sehen – nur in der Ferne verklang das Rollen eines Wagens.

Mit einem neuerlichen Kopfschütteln und einem resignierenden Achselzucken nahm der Apotheker seine Sachen auf den Rücken, klemmte den Stock in den Henkel des Koffers und schritt dann mit langen Schritten die Straße entlang nach Frankenberg hinein, der Zukunft, dem Ungewissen, dem Schicksal entgegen.

Am Fenster des Gasthauses verfolgte ihn Herr von Seditz mit einem langen, lächelnden Blick.

»Armer Junge«, sagte er leise vor sich hin. »Du bist alles andere als ein Apotheker. Zu zart, zu beseelt, zu – dichterisch. Auch ich war einst wie du – na –wirst deinen Weg schon gehen.«

Otto Heinrich Kummer trat unterdessen in den Schein der ersten Häuser Frankenbergs ein und fragte einen Bürger nach der Apotheke. Zwei Straßen weiter auf dem kleinen Markt mit dem winzigen Brunnen blieb er vor einem spitzgiebeligen Haus stehen, dessen Dach mit dem Nachthimmel verschmolz, setzte sein Gepäck ab und betrachtete lange seine neue Heimat.

Die Fensterläden waren geschlossen, die Malerei des Balkenschnitzwerkes leicht verwittert, und die breite eisenbeschlagene Tür sah mehr nach dem Eingang zu einer Schmiede als zu einer Apotheke aus.

Sinnend trat er ein paar Schritte auf den stillen Markt zurück, umfaßte mit einem langen Blick noch einmal das ganze, dunkle, große, spitze und schön verzierte Haus, dann setzte er sein Gepäck vor die Tür, zog an der laut bimmelnden Eisenklingel und wartete, bis er tappende Schritte die Stiege im Hause hinuntergehen hörte. Und er schalt sich einen Schwächling weil er spürte, daß sein Herz plötzlich schneller und weher schlug.

Ein baumlanger, hagerer, verschlafener, griesgrämiger Geselle öffnete spaltbreit die Tür.

»Wer da?« murmelte er und schien wenig Lust, die Tür ganz zu öffnen.

»Otto Heinrich Kummer«, sagte der Riesige laut.

»Wer?«

»Otto Heinrich Kummer aus Dresden«, wiederholte der Wartende, denn es schien, als erwecke sein Name keinerlei Erstaunen, Freude oder gar Verstehen. »Ich bin der neue Apothekergeselle!«

»Himmel – in der Nacht!«

Die schwere Tür flog auf, und Otto Heinrich sah eine gespenstige Gestalt in einem überlangen Nachthemd.

»Lieber Kollege – so spät hätte ich Sie nicht erwartet.

Wenn das der Alte merkt, gibt es gleich zur Einführung einen Veitstanz! Kommen Sie schnell und leis hinein, hinauf, ins Bett, und rühren Sie sich nicht bis morgen.«

Damit nahm der Riese die Gepäcke wie eine Feder auf die Schulter, schlich die Stiege hinauf und vermied es krampfhaft, daß die Treppenstufen knarrten.

Verwundert über diesen Empfang, folgte ihm Otto Heinrich, erhielt einen bösen Blick, weil er bei einem Fehltritt auf der unbeleuchteten Treppe Lärm schlug, und trat dann in ein kleines Zimmer unter dem Dach ein, in dem neben zwei Betten nichts stand als ein Tisch, zwei Stühle und ein Regal mit Haken für die Kleidung.

Erst in der Kammer entzündete der Riese eine Kerze, warf das Gepäck auf das zweite, unbenutzte Bett, kratzte sich den Schädel, sah den Neuangekommenen an und sagte dann:

»Mein Name ist Bendler. Ich bin der erste Provisor.«

Dann, als erkenne er erst die Lage des Kollegen aus Dresden, rückte er ein Brot und etwas Käse auf den Tisch, lud mit einer Handbewegung zum Essen ein und meinte:

»Wundern Sie sich nicht, Kollege – Sie sind nicht mehr in der Dresdner Hofapotheke, sondern beim Apotheker Knackfuß in Frankenberg im Erzgebirge! Wenn Sie nicht wissen, was das heißt, so werden Sie das in spätestens einer Woche genau wissen! Sie dürfen sich nicht wundern, Sie dürfen nicht klagen, noch weniger etwas erwarten – Sie dürfen nur an das Vergängliche allen Fleisches denken, das ist das einzige, was Sie in Zukunft obenhalten kann! – So, und jetzt essen Sie, legen sich hin und schlafen. Wenn die Sonne scheint, werden Sie dem Meister vorgeführt. Er wird Sie zwar nicht fressen, aber anbrüllen bestimmt!«

Damit löschte er die Kerze aus, ohne Rücksicht, ob Otto Heinrich mit dem Essen zu Ende war, und wälzte sich mit einem Stöhnen auf das Bett, das sich für seine Länge als viel zu kurz erwies, so daß er stets krumm lag. Ein tiefes, gleichmäßiges Atmen ließ nach kurzer Zeit erkennen, daß der Riese Bendler eingeschlafen war.

Otto Heinrich Kummer saß noch lange im Dunkeln an dem Tisch und schaute durch das Lukenfenster hinauf in den fahlen Nachthimmel.

Frankenberg, dachte er.

Jetzt bin ich in Frankenberg.

In der Einsamkeit.

In der Fremde.

In der Verbannung.

Und dort, weit weg, hinter den Bergen und Wäldern, viele Tagesreisen durch Schluchten und Dörfer liegt Dresden, das sonnige, herrliche, mächtige, königliche Dresden.

Die Residenz des Königs.

Das Schloß. Der Traum des Zwingers.

Die weite, große Oper mit der Quadriga der Panther auf dem Dach.

Die breite Brühlsche Terrasse an der noch jugendlichen Elbe.

Könnte ich jetzt in den Gärten wandeln, am Nymphenbrunnen des Zwingers die Serenaden hören, durch die Gänge der Gemäldegalerie wandeln und im Grünen Gewölbe den Porzellan- und Goldschatz des Starken August bewundern. Nur durch die Straßen gehen, das Leben aufsaugen, das bunte, vielfältige und doch so einfältige Leben, die Straßen sehen, die meiner Kindheit Glanz und Erleben gaben.

Otto Heinrich Kummer stand auf und trat an das Fenster.

Traurig lehnte er den Kopf an den Rahmen und blickte hinaus in die ziehenden Wolken mit dem Wunsch, mit ihnen zu reisen, denn sie zogen in die Heimat und würden morgen vielleicht am glänzend blauen Himmel über dem weiten Bau des Zwingers hängen.

Auf dem Bette rührte sich die Gestalt des Riesen Bendler. Knurrend wälzte er sich herum und bemerkte den Stummen an dem Lukenfenster.

»Schon Heimweh?« sagte er halblaut. »Kenne ich. Habe ich auch gehabt, als ich vor fünf Jahren nach Frankenberg in die Fänge des alten Knackfuß kam. Geht schon vorüber, Kamerad – mußt die Zähne fest aufeinanderbeißen und den Kloß, der dir dabei im Halse steckt, einfach hinunterschlucken! Zu ändern ist doch nichts! Warum kommst du auch zu diesem Knackfuß!«

»Mein Vater hat es so bestimmt«, antwortete Otto Heinrich leise.

Bendler pfiff laut durch die Zähne. »Der Vater – das ändert vieles. Der Alte verkaufte dich also?! Kennt er den Knackfuß?«

»Ich weiß nicht. – Er hatte eine Empfehlung.«

»Empfehlung!« Der Riese lachte schrill. »Auf solch eine Empfehlung pfeife ich! Ich *muß* bleiben, ich habe kein Geld, um die Stellung zu sichern – aber du! Du bist was Feineres – habe ich gleich gesehen! Geh morgen erst gar nicht hinunter – fahre mit der nächsten

Post wieder nach Dresden zurück! Hier vermißt dich keiner!«

»Ich muß bleiben – der Herr Vater befahl es. Befehle werden bei uns gehalten, auch wenn man daran zerbricht!«

»Herr Vater! Befehl! Bis man zerbricht! Blödsinn! Menschenschinderei! Die Französische Revolution hat die Freiheit des Individuums gelehrt! Du kannst das tun, was du willst, wenn du es verantworten kannst. Oder willst du hier zu Grunde gehen?«

»Wenn man es zu Hause will?«

»Hast du keinen Mut, zu leben?«

»Ich kenne nur Gehorsam.«

»Himmelstockschwerenot! Gehorsam hört da auf, wo Gehorchen Wahnsinn und Mord ist! Mach deinem Vater klar, daß Knackfuß ein Unhold ist – dann wird er schon einsehen, *wer* recht hat!«

Otto Heinrich schüttelte den Kopf. »Mein Vater ist Münzmarschall in Dresden. Er kennt im Leben nur ein Ideal: Dienen! Dienen bis zur Selbstaufgabe! Dienen, bis der Tod das letzte Siegel setzt. Und er verlangt es auch von mir. Kennst du den ›Prinzen vom Homburg‹ des Dichters Kleist? Auch dieser Prinz wurde verurteilt, weil er einem Befehl nicht gehorchte und frühzeitig eine Schlacht begann. Er gewann die Schlacht, aber sein Urteil lautete auf Tod, weil er eigenmächtig handelte. – Wie dieser Kurfürst, so ist mein Vater! Hart, gerecht, eisern, aufgewachsen in der absoluten Pflicht – seine Liebe ist Gehorsam!«

Der Riese Bendler sann einen Augenblick. Dann schüttelte er den Kopf, erhob sich, setzte sich auf den Bettrand und stützte den langen Kopf in die Hände.

»Das klingt schön«, sagte er, »aber ich komme nicht

mit! Ich bin die neue Zeit, die Revolution, die Umwertung aller Werte – ich habe von Robespierre und Danton gelernt, von Napoleon und Stein – und der Rousseau, lieber Kollege, dieser Rousseau ist ein toller Bursche, ein Genie der Freiheit wie der brodelnde Beaumarchais! Mögt ihr in Dresden nach dem Marsch des alten Dessauer die Hacken wirbeln und Schritte üben – euer Preußentum ist morsch! Was einmal die Welt beherrschen wird, ist die große Freiheit aller gegen alle – der unteilbare Raum der Welt für eine große Bruderschaft!«

Otto Heinrich Kummer blickte hinaus in die Nacht.

Die Rede des Kollegen wühlte ihn auf.

Seine Hände klammerten sich an dem Fensterrahmen fest, während er den Kopf an die kühle Mauer lehnte.

»Ich habe auch einmal so gesprochen, damals, vor einem Jahr in Dresden. Mein Vater verstand mich nicht – er strafte mich durch Arrest! Dann zitierte ich Schiller. Freiheit, rief ich, Freiheit. Den Don Carlos trug ich vor – Geben Sie Gedankenfreiheit, Sire! – und die ›Räuber‹ nahm ich mit in die Kammer und las sie im Kerzenschein unter der Decke. – Was nutzte es? Ich kam nach Frankenberg...«

»Weil du Schiller lasest?« stammelte der Riese.

»Nein...«, antwortete leise der Sinnende... »Weil ich selbst ein Dichter bin.«

Daraufhin war es eine lange Zeit still im Raum.

Um den Dachfirst sang der Nachtwind.

Irgendwo in der Ferne bellte verschlafen ein Hund.

Lauter als Wind und Bellen aber war der Atem der beiden Männer, deren Herzen sich in dieser Nacht fanden.

»Ich habe so einfach du gesagt«, murmelte Bendler nach einer Weile. »Laß uns dabei bleiben – ich glaube, wir sind beide irgendwie am Leben gescheitert. Wir müssen jetzt hart sein, um uns durchzubeißen – wir haben viele Feinde – die ganze zivilisierte Welt, das ganze Bürgertum mit seinen satten Moralitäten, die Aristokratie und den Staat. Wir stehen einsam, junger Freund, aber es ist unendlich schön, zu wissen, daß unsere Zeit noch kommt und wir die Tränen jener Sturmflut sind, die einst das Morsche wegschwemmt!«

Er stand auf und trat zu Otto Heinrich Kummer, legte ihm den Arm um die schmale Schulter und starrte mit ihm hinaus in die Nacht und die ziehenden Wolken.

»So habe ich manche Nacht gestanden«, sagte er leise. »Und manchmal dachte ich: jetzt machst du Schluß! Aber dann war es manchmal nur ein Kinderlachen, das mich zurückrief in die Wirklichkeit, manchmal nur ein Vogel, der hier vor mir auf der Dachrinne sang, oder auch nur das Rauschen der Bäume, wenn sie im warmen Sommerwind von der Ewigkeit erzählen.« Er lächelte schwach und wendete sich ab. »Jetzt hast du mich elegisch gemacht. Ich bin nämlich ganz anders, rauh, ungeschliffen, ein Tölpel, wie der alte Knackfuß wohl zigmal am Tage brüllt. Ich muß es sein, Kollege – denn mit Weichheit kommt man zu nichts! Man muß hart sein, um bestehen zu können! Laß uns schlafen! Wir haben noch soviel Zeit, die Zukunft und die Sehnsucht anzuhimmeln. Gute Nacht, Kamerad!«

Er drückte Otto Heinrich Kummer die Hand und ging zum Bett zurück. Dort warf er sich mit einem Schwung auf die Decken, verschränkte die Arme unter dem Kopf, schloß aber nicht die Augen, sondern starrte an die weißgestrichene Decke.

Er wartete, bis der neue Freund sich entkleidet und niedergelegt hatte, drehte sich dann auf den Bauch und blickte zu dem anderen Bett hinüber.

»Noch eins, bevor du einschläfst. Der alte Knackfuß hat eine Tochter! So etwas von Tochter hast du noch nicht gesehen. Ein Mädel, bei dessen Anblick dir der Atem stehenbleibt. Eine Schönheit, wie du sie in der Dresdener Oper nicht sehen kannst. Das glatte Gegenteil von dem Alten. Wo er häßlich ist, blüht sie, wo er brüllt, streichelt sie. Sie ist die Sonne der Sonnen-Apotheke. Die Mutter ist schon lange gestorben – nun führt sie hier den Haushalt. Diese Tochter ist der Rubikon. Knackfuß wechselt jedes Vierteljahr die Gesellen, weil sie diesem Mädel schöne Augen machen. Er bekommt regelmäßig einen Tobsuchtsanfall, wenn er sieht, daß ein ›Flegel‹ – so nennt er alle – seine Tochter anhimmelt! Nimm dich also in acht. Schau sie nicht so oft an. Am besten ist, du übersiehst sie. Sonst hast du hier die Hölle en person! – Das wollte ich noch sagen. Und nun schlaf selig!« Er drehte sich geräuschvoll herum, zog die Decke bis zum Hals empor und schloß die Augen. »Trudel heißt sie…«, murmelte er noch, dann ging sein Atem wieder gleichmäßig und schwer wie der eines Schlafenden. Lange noch lag Otto Heinrich Kummer wach in seinem Bett und starrte an die Decke.

Als am Morgen die Sonne durch die Dachluke in die Kammer schien – eine trübe Septembersonne, ohne Kraft und Glanz, überzogen von nebligen Streifen, die von den Wäldern der Berge emporschwebten und wie feine Fäden durch die Wolken sich webten – stand Willi Bendler, wie er eben seinen Vornamen verraten hatte, schon im Flur an der Waschschüssel und tauchte den langen Schädel in das kalte Wasser.

Otto Heinrich dehnte sich in seinem Bett, breitete die Arme weit aus und blickte sich zum erstenmal mit Bewußtsein in seiner neuen Heimat um.

Die Kärglichkeit seiner Umgebung kam ihm erst bei dem grausamen Tageslicht voll zum Erkennen, und das Gefühl trotz des neuen Freundes nun erst richtig verlassen zu sein, einsam mit all seinem Leid und der Sehnsucht nach Licht und Freiheit, drückte ihm in der Kehle, daß er tief schlucken mußte und schnell aufsprang, um die drängenden Tränen nicht hervorquellen zu lassen.

Von draußen drang das Schnaufen Bendlers in die Kammer, der in seiner Waschschüssel wie ein kleiner Junge prustete.

Otto Heinrich mußte lächeln.

Sein Kamerad verstand das Leben – er kapselte sich gegen alles ab und war nur der wirkliche Mensch, wenn er in der Nacht in den Himmel starrte und die Größe des Alls sich vermischte mit der Einsamkeit seines heißen Herzens.

Langsam zog er sich an, wählte aus dem Koffer eine neue Halsbinde und eine frischgebügelte Hose, die ihm die Mutter als Sonntagsstaat mitgegeben hatte, und trat dann hinaus in den Flur, wo der Riese sich an einem Rollhandtuch abtrocknete und neues Wasser in die Schüssel geschüttet hatte.

»Guten Morgen, Kollege!« begrüßte er Otto Heinrich mit einer wohltuenden Fröhlichkeit. »Hinein mit dem Kopf ins kalte Wasser – ein Apotheker muß kühl denken und seine Sinne nicht erregen!«

Er warf dem Freunde einen großen Waschlappen zu, schrubbte sich selbst mit einer Riesenbürste die blitzenden Zähne und schickte sich dann an, seine Halsbinde unter viel Geschnaufe zu winden. Lachend half ihm Otto Heinrich aus dieser morgendlichen Qual, was Bendler damit vergalt, daß er ein großes Schwarzbrot auf den Tisch warf und einen Klumpen Butter dazu.

»Wohlan, mein Freund, laßt uns speisen!« rief er und knallte den einen Stuhl an den Tisch. »Unten bei dem alten Geizkragen gibt es zum Kaffee nur zwei dünne Honigschnitten – nebenbei vom schlechtesten Abfallhonig – und, wenn es hoch kommt, eine runde, möglichst kleine Semmel. Da heißt es vorher in der Stille essen und in der Sonne des Herrn den Kaffee loben!«

Mit einem großen Messer – bei Willi Bendler schien alles riesenhaft – säbelte er einen mächtigen Kanten von dem Brot und legte die Butter in Scheiben darauf. Lächelnd sah ihm Otto Heinrich zu, setzte sich aber doch nach dem Waschen zu ihm und aß einige Schnitten des würzigen Gebäckes.

»So«, sagte nach einer geraumen Zeit der Riese, »jetzt gehen wir hinunter. Wenn der Knackfuß dich anbrüllt, bleibe höflich und bis zu einem gewissen Grade unterwürfig – er kann nichts mehr hassen als eine eigene Meinung. Die Meinung macht bei ihm der Herrgott und der Staat – na ja, du kennst sie ja, die typischen Spießer!«

Noch einmal bürstete sich Otto Heinrich schnell über den Rock, nahm das kleine Paket, das er in der Kutsche von der Reisetasche in den Mantel gesteckt, in die Hand und folgte dem Freunde die steile Treppe hinunter, die sie durch einen Nebenflur verließen. Auf ihm kamen sie in eine schöne, holzgeschnitzte, mit Spiegeln verzierte Halle, deren gewundene Treppe mit dicken, roten Teppichen belegt war. An den Wänden hingen handgetriebene Tranleuchter, wertvolle Gobelins oder standen alte, zeitgeschwärzte, geschnitzte Möbel und Truhen, deren Wert nur ein Kenner abzuschätzen verstand.

Vor einer Tür am Fuße der Treppe hielt Bendler an, räusperte sich, warf einen langen Blick auf Otto Heinrich und klopfte dann mit seinen dicken Fingerknöcheln an. Es klang wie ein dumpfes Dröhnen durch die stille Halle.

Aus dem Kamin antwortete ein Knurren.

»Das heißt: bitte«, flüsterte der Riese und riß die Tür auf. Aber kaum hatte er den Griff niedergedrückt, als ihm schon eine herrische, harte Stimme entgegenschrie:

»Wie oft soll ich Ihnen sagen, daß meine Tür keine Pauke ist?! Können Sie nicht leise klopfen?«

»Guten Morgen, Herr Knackfuß«, antwortete Bendler vergnügt. »Wem Gott eine kräftige Gestalt gibt, dem schenkt er auch ein kräftiges Klopfen.« Er schob den zögernden Otto Heinrich ins Zimmer und postierte ihn vor den herumfahrenden, erstaunten, im ersten Augenblick verblüfften Apotheker.

Herr Knackfuß mochte Ende der Fünfzig zählen. Seine mittelgroße Gestalt war hager, aber nicht dünn, sein Gesicht knöchern, ohne unschön zu wirken, aber die Augen unter der hohen Stirn und den spärlichen Haaren waren dunkel und stechend, der Mund schmal und wie verkrampft, während die Finger unruhig auf der weißen Tischdecke hin und her fuhren.

Er trug einen mandelfarbenen Morgenrock mit kekken Verschnürungen, helle, graue Beinkleider mit Lackschuhen und ein Spitzenhemd, das in dieser morgendlichen Kühle durch einen leichten Seidenschal verdeckt wurde. Eine aus Porzellan kunstvoll geformte Pfeife lag in einem silbernen Pfeifenständer, daneben eine Tabaksdose aus schwarzem, geschnitztem Holz und ein aus Kupfer getriebenes Glühbecken mit kleinen, leicht qualmenden Kohlen darin. Das Geschirr aus gemaltem Porzellan war schon zurückgeschoben, der Brotkorb abräumbereit am Ende des Tisches, während die Kanne mit dem Kaffee noch neben der Pfeife stand.

Mit flackernden Augen blickte Herr Knackfuß von dem einen zum anderen, schob dann plötzlich mit einer hastigen Bewegung den Stuhl zurück und sprang auf, während sich sein etwas gelbes Gesicht in dünne Falten legte.

Er muß gallenkrank sein, dachte Otto Heinrich Kummer in diesem Augenblick und achtete weniger auf den Blick des neuen Chefs als auf das Spiel der Falten in dem schmalen Gesicht.

Da schreckte ihn sein Name aus der Betrachtung, und er straffte sich, den Herrn gebührend zu begrüßen.

»Das ist Herr Otto Heinrich Kummer«, sagte in diesem Augenblick der Riese Bendler. »Der neue 2. Provisor. Sie haben ihn aus Dresden kommen lassen.«

»Aha – der Kummer!« Herr Knackfuß versuchte ein Lächeln, das in den gelben Falten ertrank. »Wann eingetroffen?«

»Soeben«, rief Willi Bendler, ehe der Gefragte eine Antwort fand. »Er kam mit der Frühpost um halb sieben.« Dann atmete er auf, denn die größte Klippe war umschifft. Nun mochte der Apotheker fragen – der Wind war aus den Segeln.

»Sie haben eine gute Fahrt gehabt?« fragte Herr Knackfuß nach einem strengen Seitenblick zu Bendler.

»Ihr Herr Vater hat Sie mir sehr warm empfohlen. Aber glauben Sie nicht, daß ich Sie deshalb engagierte. Fürsprachen nützen bei mir nichts – ich will Leistungen sehen.«

»Daran soll es nicht fehlen«, sagte Otto Heinrich schlicht.

»Nicht aufs hohe Pferd, junger Mann«, fiel ihm der Apotheker ins Wort. »Ich habe die besten Referenzen von der Hofapotheke in Dresden – das stimmt –, aber ich überzeuge mich lieber selbst, ehe ich ein Urteil fälle.« Und zu Bendler gewandt, brummte er: »Öffnen Sie den Laden, stauben Sie die Regale ab, machen Sie das Pulver für den Herrn Doktor und den Herrn Magister fertig.« Als aber Otto Heinrich mit dem Freunde das Zimmer verlassen wollte, winkte ihm Knackfuß zu und sagte: »Sie bleiben bitte noch hier, Herr Kummer. Ehe Sie die Apotheke betreten, ist noch manches zu bereden.«

Mit einem Kopfnicken ging Bendler aus dem Zimmer. Laut krachend flog die Tür ins Schloß.

Herr Knackfuß zuckte zusammen, warf ein Blatt Papier, das er gerade in die Hand genommen hatte, auf den Tisch zurück und setzte sich.

»Sehen Sie – am frühen Morgen geht es hier schon los«, sagte er hart. »Stelle ich diesen Bendler zur Rede, so sagt er, die Tür sei ihm aus der Hand gefallen. Er ist ein guter Apotheker, sonst säße er schon lange an der Luft. Das weiß er, der Flegel, und deshalb bringt er mich noch ins Grab! Werden Sie nicht so wie er! Er ist ein Revolutionär! Und was schlimmer ist – er ist ein Träumer! In seiner Kammer habe ich einmal Gedichte gefunden! Er leugnete, daß sie von ihm sind. Beweisen konnte man es nicht – aber ist es wahr, beim Satan, dann fliegt er! Ein Dichter revolutionärer Lieder in meinem Hause, das wäre das letzte!« Er sah den stillen Otto Heinrich Kummer scharf an und grollte: »Dichten Sie etwa auch?«

»Ich bin Apotheker, Herr Knackfuß«, antwortete er schlicht.

»Das ist gut! Sie könnten sonst mit der nächsten Extrapost nach Dresden zurückfahren! Man hat nichts als Ärger mit seinen Angestellten.« Er nahm die Pfeife aus dem Halter, stopfte sie aus der Dose mit einem würzigen Tabak und setzte sich mit einem Span aus dem Kohlenbecken in Brand. »Haben Sie schon gefrühstückt?« fragte er dann den noch immer vor ihm Stehenden.

»Ich hatte auf der langen Fahrt keine Gelegenheit dazu«, murmelte Otto Heinrich und schämte sich, daß es schon die zweite Lüge war, mit der er seinen Dienst antrat.

»So kommen Sie, nehmen Sie Platz und greifen Sie zu«, sagte Herr Knackfuß, selbst erstaunt über seine Freundlichkeit. »Brot, Honig und Kaffee finden Sie auf dem Tisch, und eine Tasse... Trudel!« rief er. »Trudel, noch ein Gedeck...!«

»Ja, Vater – sofort!« antwortete eine helle, noch kindliche Stimme aus dem Nebenzimmer.

Otto Heinrich setzte sich an den Tisch, Knackfuß gegenüber und fühlte in der Brust einen merkwürdigen Druck, einen Zwang, hastiger zu atmen.

Um sich zu beruhigen, verkrampfte er unter dem Tisch die Hände miteinander und sah nicht zu der Tür hin, aus der jetzt ein etwa zwanzigjähriges, zartes, aber in aller Lieblichkeit blühendes Mädchen trat und eine Tasse mit Teller und Messer vor Otto Heinrich hinstellte. Dabei machte sie einen Knicks vor dem Gast und eilte dann schnell wieder in den Nebenraum. Das letzte, was der Jüngling beim Aufblicken sah, waren schwere blonde Flechten, die rund um den schmalen Kopf lagen.

Mit einem lauernden Blick hatte Knackfuß sein Gegenüber beobachtet, als seine Tochter eintrat, da es aber schien, als ob dieser gar nicht von dem Mädchen Notiz nähme, nickte er befriedigt, spürte aber im Innersten einen kleinen Stich in seinem Stolz, daß ein junger Mann die Schönheit seiner Tochter ignorierte.

»Ihr Vater hat mir viel von Ihnen erzählt«, begann der Apotheker die Unterhaltung weiterzuführen. »Ich kenne Ihren Herrn Vater von Dresden her, von der Hofapotheke. Als er noch Münzbuchhalter war und ich 1. Apotheker in Dresden, quittierte er mir die Rechnungen an den königlichen Hof. Einmal auch kam er zu mir, um in meinem Laboratorium eine neue Legierung auszuprobieren, denn Ihr Herr Vater ist ein großer Künstler. Den Namen Benjamin Kummer wird man sich einmal merken müssen – er hat viel zum Wohlstand Sachsens beigetragen.« Er hielt inne und beobachtete den jungen Mann beim Essen. »Er hatte damals schon eine große Neigung zum Apothekerberuf und ließ mich wissen, daß einer seiner Söhne – wenn es unbedingt sein müsse – auch Apotheker werden müsse.«

»Dieser Sohn bin ich«, sagte Otto Heinrich. Seine Stimme klang ein wenig traurig, daß Herr Knackfuß etwas strenger aufblickte und leicht mit dem Kopf schüttelte.

»Gefällt es Ihnen nicht in unserer Sparte?« fragte er und stieß aus der Porzellanpfeife eine dicke Wolke in

Richtung des Essenden. »Wer nicht mit Leib und Seele Apotheker ist, der sollte sich erst gar nicht in unserem Metier versuchen.«

»Ich habe gute Zeugnisse«, antwortete Otto Heinrich und legte Herrn Knackfuß einen Packen Papiere auf den Tisch, die er seiner Innentasche des Rockes entnahm. »Ich habe nie gezweifelt, daß ich meinen Beruf vernachlässigen könnte.«

»Ich sagte schon einmal, junger Mann: nicht aufs hohe Pferd setzen. Was Sie sagen, das sagen alle, die zu mir kamen! Und was taten sie – sie bestahlen mich, wo sie nur konnten!«

Dem jungen Apotheker schmeckte das Brot nicht mehr. In einem Atem mit Dieben genannt zu werden, übertraf die Erwartungen, die er in bezug auf Herrn Knackfußens Unhöflichkeit einzustecken sich vornahm. Daß aber ehrliche Kollegen, die nur der Tochter dieses Haustyrannen schöne Blicke schenkten, als tief verwerflich hingestellt wurden, verscheuchte alle Achtung vor dem Meister aus der Seele Otto Heinrichs.

»Ich bin ein Kummer«, sagte er deshalb stolz. »Ich glaube nicht, daß diese Mahnung bei mir angebracht ist!«

Die Antwort war vermessen.

Dem Apotheker verschlug es die Stimme, aber er beherrschte sich, wohl weil er fühlte, daß er in seiner Strenge zu weit gegangen war. Er erhob sich vielmehr, klopfte die Pfeife am Kamin aus und wandte sich dann wieder zu dem neuen Hausgenossen um.

»Sie kennen Ihre Wohnung sicher schon durch Herrn Bendler. Über die Ordnung im Hause wird er Sie gleichfalls unterrichten. In erster Linie sind Sie mir verantwortlich, auch wenn Sie unmittelbar Herrn Bendler unterstehen und neben sich noch drei Gesellen und Lehrlinge haben. Ich dulde in meinem Hause keine Disziplinlosigkeiten und sehe sehr darauf, daß meine Anordnungen, kaum gesagt, auch befolgt werden. Sie haben bis zum Mittag Zeit, sich einzurichten. – Ich danke Ihnen für Ihre Auskünfte.«

Er nickte und drehte sich schroff um.

Betreten ging Otto Heinrich aus dem Zimmer, zögerte an der Schwelle noch einen Augenblick, faßte das kleine Paket, das er noch immer in der Hand hielt, fester und wollte noch einmal anklopfen – dann aber besann er sich, schüttelte stumm den Kopf und ging durch den Flur in einen Seitengang, wo er auf den Riesen Bendler, der anscheinend schon eine lange Zeit hier gestanden und gewartet hatte, stieß.

»Zu Boden geschmettert und zu Tode betrübt?!« empfing er den Freund mit einem leisen Lachen. Er hieb ihm auf die Schulter, hakte sich dann bei ihm unter und zerrte ihn weg zu einer Tür, die in das Laboratorium führte.

»In einer Woche überhörst du seine Sticheleien«, sagte er, indem er in den weiten Raum trat, in dem schon die anderen Apotheker an den Geräten standen und mischten und kochten. Von einem Nebenraum, der wohl der Laden sein mochte, tönten Stimmen herein.

Kummer sah sich im Kreise um.

Das alte Bild der Flaschen, Retorten, Kolben und Gläser, Kocher, Salbentöpfe, Tiegel und Mörser brachte eine vertraute und sanfte Stille in sein erregtes Herz. Er trat an einen Mörser heran, nahm ihn hoch, roch intensiv an dem Inhalt und wandte sich dann lächelnd an den Riesen Bendler.

»Rötel, pulvrig zerstampft – zum Färben. Es war die

erste Arbeit, die man mir als Lehrling gab.« Er schnupperte mit erhobener Nase im Raume. »Und der Geruch ist auch da... dieser eigentümliche, herbe Geruch der Arzneien... Bendler, ich glaube, ich lebe mich doch ein.« Und leiser fügte er hinzu: »Ich will mir alle Mühe geben, nicht auszubrechen...«

»Und wenn – lieber Kummer –, dann brechen wir gemeinsam! – So, und jetzt gehe ich erst den Kaffee trinken – und wenn der Alte noch so sehr toben sollte.«

Otto Heinrich, der den Vormittag nicht untätig vorübergehen lassen wollte, trat unterdes aus dem Haus und schlenderte die Straße entlang durch die Reihe der kleinen, aber sauberen Fachwerkhäuser, bis er zu einem kleinen Birkenwäldchen kam, das sich von einem leicht ansteigenden Hügel bis zum Stadtrand heranschob. Dort setzte er sich auf einen Baumstumpf, legte das kleine Paket auf seine Knie und begann es aufzuschnüren.

Ganz beschäftigt in der Auflösung der Knoten, bemerkte er nicht, wie ein Mädchen den schmalen Weg über den Hügel zu ihm hinunterstieg und hinter ihm anhielt, ihn eine Zeitlang beobachtend. Als sie sah, mit welch ungelenken Fingern er sich um die Knoten mühte, lächelte sie und trat dann einen Schritt vor, genau vor ihn hin.

Kummer schreckte auf. Aber noch mehr ergriff ihn ein Schrecken, als er erkannte, wer die Schöne war.

»Jungfer Trudel«, stotterte er. »Verzeihen Sie meine Überraschung – Sie hätte ich an diesem Ort am wenigsten erwartet.«

»Ich habe ein paar Beeren für den Mittagstisch gesammelt«, sagte das Mädchen und setzte sich ungeniert neben den Jüngling ins Gras. »Bekommen Sie den Knoten nicht auf? Darf ich Ihnen helfen?«

»Oh – ich danke bestens... Es geht schon.« Otto Heinrich, den der Liebreiz des ovalen Gesichtes und des jungen Körpers wie eine heiße Welle überspülte, fühlte sich täppisch und ungelenk. Im Innern schalt er sich selbst einen Tölpel, vermied es aber trotzdem, in die großen, fragenden Mädchenaugen zu sehen, die so nahe unter ihm glänzten.

»Das Päckchen ist von meinem Vater«, gestand er, nachdem er den Knoten gelöst hatte. »Ich sollte es dem Herr Knackfuß geben, wenn...«

Er schwieg wieder, erschreckt, daß er sich so weit versprochen hatte.

»Wenn...?« fragte Trudel langsam. »Was ist mit dem Wenn, Herr Kummer?«

»Sie kennen meinen Namen?«

»Mein Vater erwähnte ihn heute Herrn Bendler gegenüber.«

»Und Sie haben ihn behalten?«

Das Mädchen nickte, und es war, als verdunkelten sich ihre Augen.

»Wie leicht behält man solch einen Namen – der immer um mich ist...«

Der Apotheker wagte nicht, darauf etwas zu erwidern. Er packte geräuschvoll das Papier aus, öffnete den Karton und entnahm ihm ein Miniaturbild seines Vaters, an das ein Zettel geheftet war.

»Sollte mein Sohn Otto Heinrich bei Ihnen, verehrtester Herr Knackfuß, eine Heimat finden, so bitte ich Sie gnädigst, das beiliegende Bildlein in seiner Kammer anzubringen. Mit dem Ausdruck allervorzüglichster Hochachtung Ihr Benjamin Kummer, Münzmarschall.«

Der Jüngling schloß die Augen. Bebend preßte er das Bild an sein Herz. »Vater...«, stammelte er. »Guter, lie-

31

ber Vater... ich habe keine Heimat mehr, ich bin einsam, so grenzenlos einsam unter all diesen Menschen... Keiner versteht mich. Und ich liebe doch so die Freiheit. Eine Heimat? Was ist eine Heimat? Die Kindheit, die Erinnerung, die Sehnsucht, die Hoffnung, die Liebe; Dinge, ungreifbar, unfaßbar, hoch über dem, was sich Mensch nennt... O Vater... Vater...«

Er preßte das Bild an die Lippen und öffnete die Augen.

Als er sah, daß das Mädchen noch immer neben ihm im Grase saß und erschreckt zu ihm aufschaute, spülte eine tiefe Scham über sein Gesicht, und er erhob sich mit einem jähen Ruck.

»Entschuldigen Sie, Jungfer Trudel, daß ich mich vergaß. Ich liebe meinen Vater, auch wenn er mich nicht versteht und schuld ist, daß ich hier in diese Einsamkeit verbannt wurde.«

»Sie wollten das Bild meinem Vater geben, wenn Sie hier eine Heimat finden. – Ist es so bitter bei uns, Herr Kummer?«

»Ich bin einsam«, antwortete der Jüngling.

»Auch, wenn Sie mit mir sprechen?«

Otto Heinrich lächelte. »Jungfer Trudel – es gibt Menschen, die nicht wissen, warum sie leben. Oder haben Sie schon einmal darüber nachgedacht, welch einen Sinn Ihr Leben hat?«

»Nein«, antwortete das Mädchen zögernd. Aber dann raffte sie sich auf und meinte: »Ich glaube, ich lebe, um anderen Menschen Freude zu machen.«

»Sie werden stets der Sklave dieser Menschen sein.«

»Wenn ich ihnen damit helfen kann...«

»Das ist doch kein Leben!« rief der Jüngling erregt.

»Leben ist doch eine Aufgabe, nicht ein Aufgeben des Ichs, sondern das Aufquellen der im Menschen verborgenen Möglichkeiten! Leben ist doch kein Martyrium, sondern eine Mission, den Menschen von Leben zu Leben zu veredeln! Aber veredelt sich der Mensch? Er verroht, er verliert die letzte Seele, er wird ein Apparat, der atmet, arbeitet, ißt, trinkt, schläft und alle körperlichen Funktionen wie ein Uhrwerk ausführt! *Wo* ist denn noch ein Mensch, der sagen kann: Seht, ich bin nicht vollendet, denn vollendet ist nur Gott – aber ich bin ein Mensch, der eins erkennt: die Menschlichkeit!«

Otto Heinrich Kummer ging erregt vor dem Baumstumpf hin und her und verkrampfte die Hände auf dem Rücken.

»Die neuen Geister der neuen Ordnung verbannte man! Schiller mußte flüchten, Kleist schoß sich eine Kugel durch den Kopf, Grillparzer verhungert in Wien, Grabbe ist dem Wahnsinn nahe, Hölderlin trieben die Menschen in den Irrsinn« – und plötzlich schrie er –, »und das alles, weil sie die Wahrheit sagten, ungeschminkt, grell, ein Fanal der Freiheit des Individuums! Wer kann an den Menschen glauben, wenn dieser Mensch die Rufer der Menschlichkeit in die Erde tritt?! Wo ist denn hier noch Sinn, eine aufbauende Logik in diesem faulenden Stückchen Leben, wenn die Kraft der neuen Sittlichkeit im Wahnsinn stirbt?! O glauben Sie mir, es ist manchmal unendlich schwer, nicht selbst zur Pistole zu greifen, um Schluß zu machen mit diesem Mummenschanz bürgerlicher Moral, um Schluß zu machen mit dem schmerzenden, kleinen, armen, eigenen Leben, das keinen Sinn hat, weil die Welt überhaupt nur leben kann, wenn sie im Sinnlosen sich gefällt!«

Erschöpft hielt er inne und legte den Kopf weit in den Nacken. Mit starren Augen blickte er hinauf in die trübe Sonne, vor der blauweiße Wolken in langen Streifen schwammen.

Da legte ihm das Mädchen leicht die Hand auf den Arm.

»Sie sind ein armer Mensch«, sagte sie mit einer traurigen Stimme, in der die unterdrückten Tränen weinten. »Sie müßten einen Menschen finden, der Ihren Kopf in den Schoß nimmt, mit Ihnen draußen sitzt in der Natur und Ihnen zeigt, wie herrlich das Leben im Kleinen und Großen ist, wie sehr ein Käfer um sein kostbares Leben bangt und die Blume mit allen Poren das Licht der Sonne trinkt.«

»Sonne!« Otto Heinrich Kummer lächelte bitter. »Und die Sonne Homers, siehe, sie lächelt auch uns… Sagte es nicht Schiller? Die Sonne Homers! Vielleicht ist sie die letzte Sonne, die mich zu halten vermag, die Sonne der Genien… die Sonne Griechenlands… die Sonne der Musen…« Er steckte das Bild in die Tasche seines Rockes und wandte sich zu dem Mädchen um. »Gute Jungfer Trudel – Sie haben Kummer in den Augen…« Er lachte gequält und wischte sich mit der Hand über die Augen, als ob er einen Schatten verscheuchen wollte. »Es ist besser, wenn wir nicht weiter darüber sprechen«, sagte er. »Ihr Leben ist so licht und rein, daß es eine Sünde wäre, es mit meinem Dunkel zu vergiften. Lassen Sie uns nicht darüber sprechen, lassen Sie uns diesen Vormittag vergessen und… Fremde sein. Es ist besser für Sie und – mich. Und außerdem – Ihr Vater könnte uns sehr grollen.«

Er beugte sich über die Hand des Mädchens, küßte sie leicht und ließ das tief errötende Mädchen stehen.

Mit langsamen Schritten bummelte er in den Birken-
wald hinein, erklomm einen kleinen Hang und setzte
sich dort auf eine ausgegrabene Wurzel.

Lange blickte er hinab auf das Städtchen, das still
und fast ausgestorben in einer Senke zwischen zwei
Bergen lag, und es war ihm, als sei diese Erde so weit
von ihm entrückt und wesenlos, und sein Blick schwei-
fe von einem anderen Stern bewundernd über das Leben unbekannter Welten.

Er legte sich nach hinten in das hoch wuchernde
Gras, starrte in die ziehenden Wolken und träumte von
der Weite des Lebens.

Er vergaß Frankenberg und Knackfuß, Willi Bendler
und Jungfer Trudel und träumte sich zurück in das vä-
terliche Haus, in die weiten Zimmer des Münzmarschalls von Dresden, in denen er vor wenigen Jahren
noch spielend der Mutter zu Füßen saß und die Necke-
reien der Geschwister mit Tränen oder Streichen heim-
galt.

Er sah die Prager Straße vor sich, den Schloßturm
und das Kosel-Palais, er sah sich auf dem weiten
Opernplatz spielen und flache Steine über die Elbe
schnellen, daß sie mehrmals aus dem Wasser hüpften,
ehe sie versanken.

Er sah seine Gespielen wieder, den kleinen Grafen
von Donnersmarck, den Baron von Puttkammer und
den Baron de Loumièrais, er sah die goldene Hofkut-
sche wieder durch das breite Tor ziehen, die Wache
unter das Gewehr treten und hörte ganz deutlich das
Fanfarensignal, wenn die Königskutsche in den
Schloßhof einfuhr.

Die hohe Kuppel der Frauenkirche glomm aus dem
Dunst des Septembertages hervor, die mächtige Kup-

pel, in die ein französisches Geschütz eine Kugel jagte und die im Steine haften blieb.

Otto Heinrich Kummer schloß die Augen.

Die Mundwinkel zuckten leicht, die Lider zitterten, und die Flügel der schmalen Nase bebten.

Und mit einer jähen Bewegung drehte sich der Jüngling auf den Bauch, vergrub den Kopf zwischen seine Arme und lag so, stumm, ohne sich zu rühren, wie ein Toter, bis aus dem Tal die Kirchenuhr die mittägliche Stunde schlug und einen fremden hellen Ton in diese herbstlich trübe Stille trug...

Bisweilen schnitt die Erinnerung wie mit Messern in sein Bewußtsein, nie jedoch vermochte er sie abzuschütteln, sie war der Schatten, der ihn überall begleitete – die Erinnerung an die Nacht vor zwei Jahren...

Mit Fehlin zusammen, dem dicken, blonden Fehlin, seinem liebsten Studienfreund, war er Elb-aufwärts zum alten Fährhaus geschritten, wo an diesem Abend die Versammlung des Bundes stattfinden sollte. Drei Tage vor dem Geburtstag seiner Mutter war es. Vierzehnter Oktober.

Und welche Nacht!

Die Türme der Stadt wie aus Silber gegossen. Ein Licht, wie aus den unendlichen Weiten des Alls herangeweht, ein transparentes Leuchten, das selbst die Schatten der Bäume auf den Weg zeichnete, so klar und stark, daß die Lichter der Kutschen und Laternen, die sich langsam über die Brücke bewegten, gelb und trübe wirkten.

Otto Heinrich sog die kühle Luft in sich ein, lauschte den Worten, die in ihm wach wurden, er mußte sprechen, ehe sie ihm die Brust sprengten, sie wollten hinaus, in den Abend würde er sie schreien, dem Winde mitgeben.

Welche Verse!

Otto Heinrich Kummer drehte eine Pirouette, rannte Fehlin voraus, warf die Hände zu diesem Mond, der dort über allem unbeteiligt am Himmel stand, und deklamierte:

>»Deutscher Sänger! Sing und preise.
>Deutsche Freiheit, daß dein Lied
>unseren Seelen sich bemeistere
>und zu Taten uns begeistere.«

Eine Hand legte sich auf seine Schulter: Fehlin.

Hatte er Angst? Hatte er Angst, daß diese Verse, die Verse Heinrich Heines, des Mannes, den er verehrte wie kaum einen anderen Deutschen, des Dichters, der die Heimat verlassen mußte, weil er die Diktatur der Reaktionäre und Soldatenstiefel nicht mehr ertrug, hatte sein Freund Fehlin Angst vor dem Wort?

Otto Heinrich lachte, legte den Arm um Fehlins Schulter, deutete mit erhobenem Zeigefinger hoch zum Mond und zitierte weiter, so laut, so volltönend, so dramatisch er das nur vermochte.

>»Girre nicht mehr wie ein Werther,
>welcher nur für Lotten glüht,
>was die Glocke hat geschlagen,
>sollst du deinem Volke sagen,
>redet, Dolche, redet, Schwerter...«

Und Fehlin, der gute, der treue Fehlin hielt ihm den Mund zu.

»Nun schrei nicht so, Herrgott noch mal.«

»Angst, Fehlin? Selbst hier? Allein am Uferweg?«

»Allein?« knurrte Fehlin. »In dieser gottverfluchten

Stadt ist man niemals allein.« Vorsichtig blickte er über die Schulter zurück. Da waren nur Schatten. »Das ist es ja nicht. Ich leide, weil du so schauerlich falsch deklamierst. Deine Stimme verwundet mein ästhetisches Empfinden. Du magst hundertmal selbst Gedichte schreiben, aber die der anderen brauchst du deshalb noch lange nicht zu verstümmeln.«

»Girre nicht mehr wie ein Werther!« rief Otto Heinrich erneut. »Das gilt Goethe! – Heine hat es in Paris geschrieben, Hans... Im Paris der Juli-Revolution. Ach, wenn ich dort sein könnte! Aber ich seh' ja alles vor mir. Ich brauch' nicht dort zu sein. Ich sehe Alexandre Dumas, Stendhal, und beide tragen die Tricolore in der Hand, beide singen beim Sturm auf den Louvre. Und sie singen die Marseillaise. Und sie siegen, Hans... Denk doch, die Marseillaise! Atmet nicht jede ihrer Zeilen Heines Geist?«

»Kann ja sein. Aber wenn du nicht aufpaßt, fällst du noch hin. Du stolperst ja schon die ganze Zeit. Und überhaupt...«

Fehlin blieb stehen und drehte witternd den breiten Schädel. Hatte da nicht was geknackt? Dort hinten...

»Ach, verdammt noch mal.« Fehlin dämpfte die Stimme und zog den Freund weiter. »Nun komm doch endlich mal in die Wirklichkeit zurück. Auch wenn's hier nicht so toll ist wie in Paris. Ist ja alles schön und gut, aber weißt du – du mit deinem ewigen Überschwang, du gehst mir manchmal auf die Nerven.«

»Überschwang? Überschwang, das bedeutet Gefühl, Hans. Und Gefühle sind nicht zu ketten. Jedes Gefühl, das echt sein will, anerkennt keine Grenzen...«

»Na, vielleicht. Aber deine Gefühle brodeln wie in einem deiner Apotheker-Kolben, wenn sie zu lange über dem Feuer hängen.«

Otto Heinrich lachte. Dann ging er weiter und wurde nachdenklich. War es so, wie Fehlin sagte? Schimmerte nicht ein Funken Wahrheit hinter seinem Spaß? Bestand er tatsächlich nur aus Emotionen? Was war es, das ihn Heines Freiheits-Verse in die Nacht schreien ließ? Sein eigenes Bedürfnis nach Freiheit? Wie sollte er es nicht mitfühlen, was in diesem großen Dichter vorging? Heine hatte man die Heimat entzogen. Und Goethe? Der erlauchte, der größte, der göttliche Goethe ging nach Karlsbad zur Kur und erholte sich bei seiner jungen Geliebten Ulrike, während um ihn die Welt zu Bruch ging...

Und all dies sollte kein Gefühl erregen?

»Sie haben längst angefangen«, sagte Fehlin.

Schon von weitem, ehe sie die Pappeln erreichten, die den flachen Ziegelbau des Ausflugslokals verbargen, waren Stimmen zu hören. Männerstimmen. Singen. »Gaudeamus igitur.« Das Lied der Burschenschaft.

Die Kameraden. Na also...

Fehlin lachte. Fehlin rannte. Rannte ihm sogar voran. Und so stießen sie endlich, lachend und außer Atem, die Türe des Schankraums auf.

Da waren sie! Alle. – Da waren die geröteten Gesichter, lagen die Studenten-Mützen: Alemannen, die von »Germania«, das schwarz-rot-goldene Band um die Brust gespannt. Da blitzten die endlosen Reihen der Gläser durch den grauen Tabaksqualm, rannten die beiden Schankmädchen mit geröteten Gesichtern zwischen Bankreihen hin und her. Und da war auch Sartorius, der ihnen lachend, einen Bierhumpen in der Hand, entgegenkam: »Los, Brüder! Trinkt!«

Und Otto Heinrich trank, trank mit zurückgebogener Kehle, als habe er nie etwas Köstlicheres über die Zunge rinnen gefühlt wie diesen prickelnden, braunen, schäumenden Gerstensaft.

Die anderen johlten.

Er wußte nicht, woher er den Mut nahm. Heiß war seine Stirn, sein Herz pochte, das Feuer glühte, in ihm sang es, und in einem Fieber, das stärker war als alles, was er je gespürt hatte, sprang er auf den Tisch, riß beide Arme hoch, sah sie an, hörte Sartorius': »Silentium! Unseren Dichter hat wieder mal die Muse geküßt.«

»Nicht mich!« rief Kummer. »Einen Helden! Einen der großen deutschen Geister, die Tyrannei und Willkür außer Landes jagten – Heine!«

Er griff in die Tasche. Er brauchte die Abschrift nicht zu lesen. Jedes Wort, jedes einzelne hatte sich ihm eingegraben. Aber er schwenkte sie wie eine Siegesstandarte: »Hier, sein letztes Gedicht! Alles, was uns, die wir mit dem Worte streiten, bewegt – hier ist es ausgedrückt.

> Deutscher Sänger! Sing und preise,
> deutsche Freiheit, daß dein Lied
> unserer Seelen sich bemeistere
> und zu Taten uns begeistere.
>
> Girre nicht mehr wie ein Werther,
> welcher nur für Lotten glüht,
> was die Glocke hat geschlagen,
> sollst du deinem Volke sagen,
> redet, Dolche, redet, Schwerter!
>
> Sei nicht mehr die weiche Flöte,
> das idyllische Gemüt,

sei des Vaterlands Posaune,
sei Kanone, sei Kartaune,
blase, schmettere, donnere, töte…«

Ihre Blicke galten nur ihm. Und dann das jähe Schweigen, das sie alle ergriff. Und die Arme, die hochflogen, die Hände, die zu Fäusten sich ballten.

Und der Chor, der wie ein Echo sein Herz ausfüllte:

»… sei Kanone, sei Kartaune,
blase, schmettere, donnere, töte!«

Kurz nach elf war es, als Kummer sich zusammen mit Hans Fehlin wieder auf den Weg nach Hause machte: Ein schwieriger Weg. Zwar hielt die Begeisterung, die die Versammlung des Bundes getragen hatte, noch an, ja, noch zitterte der Zorn in ihm, der sie gegen die Reaktion, gegen Presse-Zensur und Fürsten-Willkür vereinigte, aber der Treibstoff der Gefühle, das viele Bier machte sich unliebsam bemerksam. In Kummers Knien. Im unsicheren Gang. Die Humpen, die sie tranken, waren das Siegel der Brüderschaft gewesen. Nun aber…

»Weiter links. – Hier rennst du doch gegen eine Mauer.« Fehlin stützte den Freund. Doch Otto Heinrich stolperte, und hätte Fehlin ihn nicht gehalten, wäre er gestürzt.

»Bin das nicht gewohnt, Hans.«

»Ja, richtig. Und deshalb mußtest du beweisen, daß du der größte Zecher bist.«

»Ich bin nichts als ein Idiot, Hans.«

»Du bist ein lieber Kerl. Und ein romantischer Schwärmgeist. – Aber beim Bier würde ich zu mehr Vorsicht raten.«

»Beim Bier?«

Der Mond hatte sich hinter dunkle Wolken verzogen. Das Wasser unten am Ufer rauschte leise und unbeteiligt an ihnen vorüber. Der Weg war nichts als ein graues Band, die Pappeln und Erlen drohende Schatten.

»Wenn ich dich nicht hätte…« Dankbar umfaßte Otto Heinrich die Hand des Freundes. Hans Fehlin zog ihn weiter.

Als sie endlich die Residenz-Brücke erreicht hatten, war es Otto Heinrich ein wenig besser. Ihre Absätze klangen auf dem harten Stein. Wo waren nur all die Visionen, die Träume von einer besseren, nein, einer neuen Welt? Vielleicht war es stets das gleiche. Vielleicht folgte auf jeden Überschwang die Ernüchterung, vielleicht folgte dem Traum von der großen Reform, nein, der Revolution stets der Absturz in die bittere Realität…

Hinter ihnen klirrten Hufe, rumpelten Räder.

Ein schwarzer, großer Wagen rollte vorüber. Die Männer, die das Gefährt begleiteten, trugen lange Stangen. Eine Wolke stechenden Gestanks hüllte nun alle ein, die einsamen Spaziergänger wie die Arbeiter, die die Latrinen der Stadt leerten.

Der Eimerwagen.

Hastig drehte sich Heinrich um. Seine Hände umklammerten die Steinbalustrade der Brücke. Sein Magen krampfte sich zusammen, revoltierte, nur die Furcht vor der Demütigung hinderte ihn, sich auf der Stelle zu übergeben. Er würgte. Unter ihm zog schwarz und glitzernd die Elbe.

Er atmete tief, zog das Taschentuch heraus und wischte sich den Schweiß von der Stirne. Der Wind, der über den Fluß wehte, reinigte die Nacht.

Deutsche Dichter? dachte er. – Wie albern, wie lächerlich, wie armselig... Wir alle sind von der Feigheit und Furcht der Pestilenz durchtränkt...

Sie erreichten die Stadt. Fehlins Eltern bewohnten ein palaisartiges, nobles Haus am Opern-Platz. Baron Fehlin, Bankier und Grundbesitzer, liebte eine standesgemäße Herberge, wenn er nach Dresden kam. Und die Kommilitonen witzelten über die »teuerste Studentenbude Deutschlands«, wenn sie daran vorüberkamen.

»Schaffst du's allein?«

»Ja, ja. Danke, Fehlin. Hab' ich mich sehr blamiert?«

»Warum? Was wären wir schon ohne einen guten Trunk? Langweilige Gesellen vermutlich. Ich habe manchmal den Verdacht, ohne Wein und ohne Bier würde in dieser Welt sich nichts verändern, denn nicht wahr: So alleine in der Stille unserer Arbeitszimmer macht sie sich ganz anders, schrumpft gewissermaßen wieder auf uns selbst zurück.«

Er schlug Kummer auf die Schulter und drehte sich um. Otto Heinrich sah ihm nach und beneidete ihn: Fehlin; er ruhte in seinem Fleisch, war stets auf die gleiche Art ironisch und distanziert, selbstsicher und gelassen. Und du? Dich bestürmen Worte, du versuchst sie zu bändigen, verbringst deine Tage in der Universität und bildest dir ein, bei all dem Gerede über Zusammensetzung und Veränderung der Stoffe ein Nachfolger der großen Alchimisten zu sein. Zu Hause spielst du den gehorsamen Sohn und liest heimlich die revolutionären Verse der Emigranten, inszenierst dein ureigenes, persönliches kleines Welt-Theater. Und dann, beim ersten ordentlichen Trink-Comment kommt schon der Zusammenbruch...

Ins Bett! Den Kopf unter kaltes Wasser. Und morgen, morgen wirst du nachdenken. Morgen...

Breit hingelagert, einer Festung gleich, lag mit flach-ansteigendem Giebel das Haus des Münzmarschalls Kummer.

Otto Heinrich war stehengeblieben. Er spürte das Klopfen des Herzens hoch oben am Hals. Dort, rechts? Im ersten Stock schimmerten drei erleuchtete Fenster. Das Arbeitszimmer seines Vaters.

Gerade noch Revolutionär – und nun schon Feigling. Aber diese Furcht ließ sich nicht unterdrücken. Wenn er dich in diesem Zustand erwischt... wäre zuviel, als daß es der Magen noch ertragen könnte.

So ließ er den Schlüssel in der Tasche der Samtjacke und näherte sich dem Dienstboteneingang von einer Seitengasse.

Hier stand die Türe offen.

Die Glutreste in der Küche zeigten ihm den Weg zur Hintertreppe. Vorsichtig, auf Zehenspitzen, fluchend, wenn ihm der Gleichgewichtssinn erneut einen Streich spielte, erreichte Kummer schließlich den zweiten Stock. Als er den Korridor durchging, am großen Treppenhaus vorbei, um zu seiner Tür zu gelangen, vernahm er hinter sich ein Geräusch.

Er blieb stehen. Licht drang durch die geöffnete Tür. Eine helle Mädchenstimme rief leise: »Otto Heinrich...«

Mein Gott, das war Anna Luise, seine Schwester. Den Leuchter trug sie in der Hand. Die dunklen Augen in dem schmalen Mädchengesicht unter der Nachthaube wirkten riesengroß und beschwörend, das weiße Leinen des Nachthemds reichte bis zum Boden, bedeckte ihre Füße, so daß sie wie eine kleine, weiße Säule wirkte, die sich näherte.

»Wo warst du bloß? Gut, daß ich dich gehört habe.«

»Wieso denn?«

Sie zog die Brauen zusammen. »Was ist denn mit dir?«

»Was soll sein?«

»Du schwankst so komisch.«

»Aber nein. Sag mir lieber, ist irgend etwas geschehen?«

»O ja, es ist etwas geschehen. Der Vater ist außer sich. Den ganzen Abend wartet er schon.«

»Auf was denn?«

»Auf was? – Auf wen, mußt du fragen. Auf dich. Da waren zwei Herren da. Und einen kannte ich… Er ist ein hoher Kommissär bei der Polizei. Sie wollten Vater sprechen. Und dann mußte Mama ins Zimmer, und als sie herauskam, sagte sie, es gehe um dich.«

»Um mich?«

»Ja… Vater ist noch nicht einmal zum Abendessen erschienen. Und Mama war ganz aufgeregt. Du kennst sie doch, in solchen Momenten bekommst du kein vernünftiges Wort von ihr. Sie rannte nur hin und her und hatte das Taschentuch vor dem Mund und sagte ›mon dieu, mon dieu‹, und das in einem fort. Was ist bloß? Otto Heinrich, was hast du angestellt?«

Anna Luises dunkle Kinderaugen.

Und kein vernünftiges Wort, kein vernünftiger Gedanke in seinem Schädel. Doch die Alkoholnebel existierten nicht mehr. Verflogen waren sie, als sei ein Vorhang zerrissen.

»Es ist was Schlimmes, nicht wahr?«

»Aber nein.«

Von unten schallte durchs Treppenhaus die Stimme des Münzmarschalls: »Ist da jemand? Otto Heinrich, bist du das?«

Er beugte sich über das Geländer: »Da... Bin gerade zurückgekommen.«

»Ach nein? Wirklich? – Hättest du dann vielleicht die Güte, dich zu mir zu bemühen?«

Es klang wie purer Hohn, nein, wie nackter Zorn.

Gotthelf Kummer erwartete den Sohn nicht an der Türe; schmal und steil aufgerichtet, im engen, braunen Schlafrock, das Kinn emporgereckt, die Augen im bleichen Gesicht dunkel und brennend, stand er hinter seinem Schreibtisch.

Sacht, ganz vorsichtig schloß Otto Heinrich die Türe, blieb nichts als ein Schatten, der den Lichtkreis der Öllampe um den Schreibtisch scheute.

»Komm näher.«

Leise war jetzt die Stimme des Münzmarschalls. »Steh nicht herum wie der Idiot, der du bist.«

Leise Worte, schmerzhaft wie Peitschenhiebe.

»Es gibt viel, was ich bei einem jungen Menschen zu ertragen bereit bin, Otto Heinrich. Doch auch meiner Geduld sind Grenzen gesetzt. Versuchte ich die eigenen Gefühle außer acht zu lassen, so würde es noch schlimmer. Dann müßte ich sagen: Du verdienst es nicht, in diesem Haus zu wohnen, du verdienst nicht, die Luft dieser Stadt und dieses Staates zu atmen und schon gar nicht deine Ausbildung und die Bemühungen deiner Lehrer, dich als Apotheker zu einem geachteten Mitglied unserer Gesellschaft zu machen. Dies soll zuvor einmal klargestellt sein. Hast du das verstanden?«

»Nein, Herr Vater«, hörte er sich sagen.

»Nein? Was soll das heißen?«

An den Schläfen des Münzmarschalls schwollen die Adern. Das quadratische Gesicht färbte ein verräterisches Rot, die Hand zuckte über den Schreibtisch, nahm ein Papier und riß es anklagend hoch: »Willst du mich auch noch belügen? Hier! Ein Protokoll. Und die Polizei hat es mir selbst ins Haus gebracht. Rat Wallerscheid hat sich dieser Mühe unterzogen. Und das nur, weil er ein Freund ist, ein wahrer Freund… Aber diese Sache ist so himmelschreiend, daß auf ihn nicht länger zu zählen ist. Ich tu's auch nicht. Denn dies ist ein Dokument der Schande, ich sagte ja, dies ist für mich eine Blamage, die zum Himmel stinkt.«

Otto Heinrich fühlte, wie sich sein Rücken verkrampfte. Sein Herz, wie es klopfte! Und auch der Kopf begann wieder zu schmerzen. Er versuchte nachzudenken. Er vermochte es nicht zu glauben. So wenig Zeit war vergangen. Wie sollte sein Vater jetzt schon einen Bericht von dem Burschenschafter-Comment im Fährhaus bekommen haben? Oder hatten die Polizei-Spitzel Fehlin und ihn bereits auf ihrem Weg verfolgt? Waren sie tatsächlich überall?

Sein Hals war trocken. Er brachte keinen Ton heraus. Und sein Vater sah ihn noch immer mit denselben dunklen, drohenden Augen an. Doch dann kamen die Zeilen in grellem Spott herausgeschleudert.

»Sei nicht mehr die weiche Flöte,
das idyllische Gemüt,
sei des Vaterlands Posaune,
sei Kanone, sei Kartaune,
blase, schmettere, donnere, töte!«

Gotthelf Kummer warf das Blatt verächtlich auf den Tisch.

Schweigen.

Dann sprach der Münzmarschall, leise, ungläubig, als könne er der eigenen Stimme nicht vertrauen:

»Mein Sohn! Und was predigt er? Mord und Totschlag.« Plötzlich fing er an zu brüllen: »Das ist Aufstand! Jawohl, was ist das anderes als Aufstand? Revolution! – Und wer predigt das?«

»Ich habe nicht gepredigt, Herr Vater.«

»Ach nein?! Und was steht hier?« Die Faust des Münzmarschalls donnerte auf das Polizei-Protokoll. »Willst du vielleicht...«

»Ich will gar nichts. Ich will nichts, als die Wahrheit feststellen. Ich habe ein Gedicht deklamiert. Und dieses Gedicht stammt aus der Feder eines Mannes, den ich, und ich scheue mich nicht, dies Ihnen zu sagen, aus tiefstem Herzen verehre.«

»Nun hör...«

»Nein, Herr Vater. Ich bitte, daß Sie mich hören. Dieser Mann kann als einer der kühnsten und größten deutschen Geister gelten. Und wo muß er leben? In Paris. Und warum? Weil ihn Reaktion und Presse-Zensur aus dem Land gejagt haben. Ihn, einen Mann, dem nichts höher ist als die Freiheit.«

»Freiheit? Reaktion. Presse-Zensur. Schon die Wortwahl sagt alles.«

Wieder holte Otto Heinrich Kummer tief Luft. »Bei allem Verständnis, das ich aufzubringen vermag, wenn ich an Ihr Amt denke, Herr Vater – aber der Geist der Freiheit war auch Ihnen vertraut. Ja, er wohnte auch in Ihrem Herzen. Warum haben Sie denn bei Leipzig gekämpft?«

Nein, seine Stimme schwankte nicht. Und alle Zweifel, sie waren verflogen. Stolz war Otto Heinrich, stolz darauf, nicht nur zum ersten Mal in seinem Leben dem Vater die Stirne zu bieten, stolz auch, weil er sich angesichts der Gefahr zu solchen Gefühlen bekannte.

»Das ist also aus dir geworden? Ein Jakobiner.«

»Ich sprach von der Freiheit.«

»Freiheit, Freiheit!« Nun schrie der Münzmarschall völlig außer sich: »Jawohl, Freiheit! Wir haben dafür gekämpft. Wir haben gekämpft, um dem deutschen Volk seine Freiheit zurückzugeben. Aber auch seine Ordnung. Doch nicht, damit ein aufrührerisches Gesindel, eine Mischung aus Hitz- und Dummköpfen, Burschenschaftlern und anderen Verrückten dieses gottgefügte Gesetz wieder zerstört. Deshalb doch nicht! – Nun wirst du gleich sagen, daß die Ordnung nicht von Gott, sondern von Menschen gefügt werde.«

Otto nahm den Kopf noch höher. »Ja. Das sage ich. Und ich sage mehr: Daß es nicht nur die Gesetze der Obrigkeit gibt, sondern ein anderes Gesetz – das, das in einer Brust wohnt.«

»O Gott! Auch noch…«

Der Münzmarschall schüttelte den Kopf, preßte die Fäuste gegen die Schreibtischplatte, schüttelte wieder den Kopf, ließ sich in seinen Sessel fallen, lehnte sich zurück, schloß die Augen, und eine Art Lächeln, ein ironisch-überlegenes Lächeln entspannte sein Gesicht. »Weißt du, was am unerträglichsten ist? Diese ewige Überspanntheit. Normal könnt ihr wohl nicht mehr reden? Sobald man euch hört, sitzt man im Theater. Jeder sein eigener Schiller! Und was bist du? Ein Apotheker. Das willst du zumindest werden. Und daran will ich dich erinnern. Ein Apotheker, der sich seines Berufes schämt und deshalb nach hohlen Phrasen sucht. Gesetz in deiner Brust? Soll das Kant sein? Aber nicht einmal den hast du gelesen. Denn wenn du Kant wirklich kennen würdest, würdest du auch wissen, was er von euresgleichen gehalten hat. Daß es kein größeres Verbrechen gibt, als Aufruhr zu predigen. Daß das Volk nur eines zu tun hat, zu gehorchen. – Na, Herr Philosoph, was sagen Sie dazu?«

Dem Zorn war er gewachsen, der Spott war ihm zuviel. Otto Heinrich spürte, wie vor diesen kalten, distanzierten Augen die Selbstsicherheit zerbrach. Und ganz so, als nähme er jetzt erst die Situation wahr, sah er sich vor dem Schreibtisch stehen, vor einem Vater, der ein Gericht inszenieren wollte, ohne den Angeklagten dabei ernst zu nehmen, der von »Schuld« sprach, ohne die Gründe zur Kenntnis zu nehmen.

Er preßte die Hand gegen den schmerzenden Magen, als könnte er so den Schwall von Übelkeit aufhalten, der in seine Kehle hochkriechen wollte.

»Und jetzt?« vernahm er die eisige Stimme des Münzmarschalls. »Ich warte… Warum zitierst du nicht die ›Räuber‹? Warum schreist du nicht?«

Otto Heinrich umklammerte die Stuhllehne.

»Was seid ihr schon anderes, ihr Studenten mit euren Revolutionsideen, was seid ihr anderes als ein Haufen großmauliger Laffen! Armselige Wichte, die sich Bedeutung zumessen, indem sie sich mit unverstandenem Zeug aufblasen. Und mein Sohn ist dabei. Was heißt dabei? In vorderster Front.«

Schweigen. Von irgendwo kam der Klang einer Kirchenglocke. Dann der Ruf einer Männerstimme, der Ruf der Nachtpatrouille. Der Klang der genagelten Soldatenstiefel drang herauf ins Zimmer. – Und sein Vater saß da und schüttelte den Kopf.

»Geh! Geh ins Bett, wo du hingehörst. Und geh mir aus den Augen.«

»Das werde ich tun.« Otto Heinrich sog tief die Luft

ein. »Ich werde gehen. Nicht für diese Nacht, für immer. Ich werde dieses Haus verlassen.«

Nichts regte sich im Gesicht des Münzmarschalls. Nur der Blick wurde aufmerksam.

Weit, so unendlich weit wurde ihm der Weg zur Tür. Schweigen. Kein Ruf hielt ihn zurück. Nichts war um ihn. Nur Stille.

Sacht zog er die Tür hinter sich ins Schloß.

In dieser Nacht, im Hause seines Freundes Fehlin, schrieb Otto Heinrich einen langen Brief an seinen Vater. Er schrieb ihn nach einem Glas Wein, das seinem Geist wieder Kraft und Geschmeidigkeit verlieh. Es war ein Brief voll glühendem Pathos, voll Beschwörungen seiner Vision, erfüllt von dem Drang, sich erklären zu wollen.

Aber der wichtigste Satz stand ganz am Anfang.

Der Brief begann mit den Worten: »Ich habe keinen Vater mehr…«

Nach dem Mittagessen, das alle Angestellten gemeinsam mit Herrn Knackfuß einnahmen, während die Tochter die Speisen auftrug und anscheinend in der Küche aß, führte der Apotheker den neuen Gesellen selbst in sein neues Amt ein und übergab ihm – der Riese Bendler und die übrigen Kollegen waren stumm vor Erstaunen – den Schlüssel zu dem Heiligtum der Apotheke: dem Giftschrank.

»Sie haben in einer der ersten Apotheken Deutschlands gelernt, lieber Kummer«, sagte Knackfuß bei dieser feierlichen Handlung. »Ihnen allein vertraue ich an, was nur ich allein bisher in der Verwaltung hatte. Es mag Ihnen und Ihren Kollegen beweisen, daß ich ein hohes Vertrauen in Sie setze.«

Otto Heinrich fühlte eine tiefe Scham in sich aufsteigen.

Hatte er dem rauhen Mann doch unrecht getan?

War dieser Knackfuß etwa nur ein Haustyrann, weil er im Grunde seines Wesens weich und zu nachgiebig war?

Gerührt drückte er dem Chef stumm die Hand, keines Wortes mächtig, und Knackfuß nickte ihm auch nur zu, klopfte ihm auf die Schulter und schritt ohne weiteres Reden aus dem Laboratorium.

Willi Bendler sank auf einen Stuhl und kratzte sich den Kopf.

»Der Alte ist verrückt«, sagte er nach einer Weile. »Glaube mir, Kummer – der Alte leidet an zu hohem Blutdruck. Fünf Jahre bin ich jetzt hier und merke zum erstenmal, daß Knackfuß auch vernünftig – oder besser, nach seiner Art unvernünftig – reden kann! Und dann der Schlüssel zum Giftschrank! Das verschleierte Bild zu Sais in dieser Apotheke! Mensch, Kummer, Freund – das wird der Alte bis zu seinem Lebensende bereuen!«

Otto Heinrich antwortete ihm nicht, sondern ging still in die Ecke, schloß den Schrank auf und studierte die einzelnen Flaschen, Töpfe, Tiegel und Mörser, die in säuberlicher Ordnung, gepflegt und behütet, in den langen Regalen standen. Auf jedem Etikett stand ein Totenkopf mit dem Wort Gift, während der Grad des Giftes durch besondere Schildchenfarben angezeigt war. Schwarz war demnach das stärkste und gelb das leichteste Gift, und es rann eine große Beglückung durch die Seele des Jünglings, diese Kostbarkeiten als einziger verwalten zu dürfen.

Das Leben eines Apothekers begann nun abzurollen.

Wie in der Hofapotheke kamen die Patienten und wünschten dies oder jenes, eine Medizin, eine Farbe, einen Rat auch nur, und das Mischen und Kochen, Wiegen und Schütteln hinter der Holzwand des kleinen Laboratoriums war so gewohnt wie die fast sich immer wiederholenden Bitten der Käufer.

Am Abend, nach dem Abendessen, das wieder gemeinsam eingenommen wurde und bei dem Otto Heinrich die Jungfer Trudel keines Blickes würdigte, sehr zur Freude des Vaters, dessen Gedanken sich aber schon damit beschäftigten, zu ergründen, warum der neue Geselle so ohne Zeichen eines Interesses für seine Tochter sei, gingen Bendler und Kummer noch ein wenig im Garten des Hauses spazieren.

Der Garten, der sich hinter dem Gebäude hinzog und an den Garten des Bürgermeisters stieß, beherbergte in einer Ecke eine hölzerne Laube mit einem in den Boden gerammten Holztisch und einer Rundbank, während eine Öllampe von der Decke hing, deren Schirm schon arg verblichen war.

In diese Laube traten die Freunde, entzündeten sich eine Pfeife mit einem Tabak, den Bendler in seiner Dose anbot, und lustig qualmend sahen sie in den Abend und lauschten auf ein Spinett, das aus dem Fenster des Bürgermeisterhauses tönte.

»Das ist die Marie«, erklärte Bendler und zeigte mit dem Pfeifenstiel in Richtung der schwirrenden Töne. »Eine Freundin der Jungfer Trudel. Netter Kerl, schwarzlockig, sprühlebendig – ein Springbrunnen von einem Mädchen. Was sie über alles liebt, ist Mozart. ›Ein Mädchen oder Weibchen wünscht Papageno sich...‹ kann sie stundenlang spielen.« Bendler lachte.

»Aber als ich ihr anbot, diesen Wunsch en person zu erfüllen, schalt sie mich mächtig aus!«

»Kann die Jungfer Trudel auch spielen?« fragte Kummer sinnend.

»Ich glaube. Gehört habe ich es nicht. Im Hause ist ja kein Instrument, weil der Alte jegliche Art von Kunst von sich fernhalten will. Es kann aber sein, daß sie bei Marie spielt oder übt.«

»Es wäre schön, wenn sie es könnte.« Kummer träumte ein wenig vor sich hin und spielte mit der Pfeife. »Man könnte dazu singen... das gäbe einen guten Klang. Abends, nach der Arbeit, wenn draußen im Sommer die Grillen das letzte Lied summen, würden dann die Töne des Liedes mit dem Abendwind rauschen...«

»Ihn hat's gepackt!« schrie der Riese auf. »Heilige Einfalt – der Kerl ist verliebt! Habe ich dich nicht gewarnt?! Seit Jahr und Tag geht es so. Ein Geselle kommt, sieht die Jungfer Trudel, schmachtet in der Laube und sitzt am nächsten Tag vor der Tür! Kreuzsakramentnochmal – könnt ihr Jammerlappen euer Herz nicht ein wenig in die Hand nehmen! Soll es mit dir genauso gehen? Sieben Gesellen zogen binnen einem Jahr hier ein und zogen umgehend auch wieder hinaus, alle wegen Jungfer Trudel! Und jetzt fängt der Kerl auch an. Lieder am Abend! Spinett. Grillengesang, sommerlicher Abendwind! Mein Gott – laß ihn nüchtern werden!«

Otto Heinrich Kummer schüttelte lächelnd den Kopf. Er legte dem Freunde den rechten Arm um die Schulter und blickte nachdenklich empor an das Dach der Hütte. Tief atmete er auf.

»Es ist nicht Liebe, Bendler, alter Brummbär. Es ist

ein bißchen Sehnsucht nach dem Leben, das ich nur in der Fantasie kenne. Ein wenig Träumen nach der Seele, die man so selten findet. Wie könnte ich lieben? Ich, ein Mensch, der nicht weiß, warum er lebt?! Könnte ich lieben, so könnte ich auch das Leben bejahen – aber weil ich das Leben, so, wie es ist, verachte, kann ich auch nicht lieben.« Und leise sagte er: »… auch wenn ich es möchte…«

Willi Bendler blickte ihn von der Seite an.

»Hast du einmal etwas von Maltitz gehört?« fragte er.

»Maltitz? Nein.«

»Es ist ein revolutionärer Dichter. Gotthilf August Freiherr von Maltitz, ein feuriger Geist, der kein Pardon mit der Fäule unserer Zeit kennt. Er hat einen Band politischer Gedichte geschrieben. ›Pfefferkörner‹ nennt er ihn. Und sie sind gepfeffert und gesalzen, daß den Bürgern und Speichelleckern die Augen tränen!«

»Ich habe nie von ihm gehört«, sagte nachdenklich Otto Heinrich.

»Ein Feuergeist, wie ich schon sagte. Man sollte seine Gedichte in aller Munde bringen!«

»Man müßte sie erst lesen«, antwortete Kummer vorsichtig.

»Sollst du, sollst du – ich habe zwei Bücher bestellt. Sie sollen mit der nächsten Post aus Dresden kommen. Selbst in Berlin erregt dieser Maltitz die Gemüter mit seinen spöttischen Liedern, ein zweiter Posa, der das Ideal des Staates aufruft!«

»Es gibt so viele Worte«, sagte Kummer sinnend. »Was die Zukunft braucht, sind Taten!«

»Am Anfang stand das Wort«, sagte Bendler laut.

»Das Wort. Wer hörte auf Schiller? Auf Kleist? Einen

Schubart ließ man auf der Festung verfaulen, einen Körner schickte man in die Schlacht, wo er zur rechten Zeit fiel, einen Grabbe verschreit man als irr, und einem Fichte hört man zu wie einem guten Advokaten. Das Volk saugt ihre Worte auf, ja, es wäre bereit, die Fahne der Freiheit selbst in die Hand zu nehmen und die Draperien von überlebten Etiketten zu reißen... Aber sie kommen nicht dazu. Jene, die kraft ihres Namens oder ihres Beutels die Fäden der Völker ziehen, lassen sich nicht bestimmen durch Worte und Gesänge – sie rechnen nur, sie haben das Hauptbuch der Völker aufgeschlagen und addieren und subtrahieren mit der Nüchternheit eines Herrn Knackfuß! Glaubst du, du könntest ihn mit deinem Maltitz bekehren?«

»Ich säße morgen vor der Tür!«

Kummer lächelte. »Was nützt dir da das feurigste Gedicht?«

Der Riese Bendler schien es einzusehen.

Sinnend starrte er vor sich auf den Sand, trommelte mit dem Pfeifenstiel auf seinen breiten Fingernägeln und hatte die Unterlippe nach vorn geschoben, daß sie wie eine Schaukel wirkte.

»So geht das Leben aber nicht weiter«, murmelte er. »Die Französische Revolution fegte die Klassen der Gesellschaft hinweg. Napoleon war ein Rückfall, der den deutschen Geist endlich erweckte – beide starben sie an ihrer inneren Erweichung. Aber was blieb von allem in Deutschland zurück? Lebt der Geist Rousseaus noch? Wo ist die Freiheit des Individuums? – Ich könnte mich übergeben, sehe ich mir den deutschen Bürger an!«

»Wir ändern es nicht«, antwortete Kummer und erhob sich. »Das Morsche braucht seine Zeit, ehe es zusammenstürzt. Vielleicht Jahrzehnte noch, vielleicht auch Jahrhunderte – das Bürgertum, die sogenannte privilegierte Klasse stirbt aus, und was sich erheben wird, ist das Recht des Menschen auf Individualität und Gleichheit vor dem Rhythmus des Lebens. Was wir können, ist, unser Leben heute schon zu leben zum Trotz der stehenden hohlköpfigen Ordnung der première classe!«

Plötzlich drehte sich Kummer um, fegte mit der Hand durch die Luft und lachte dem sinnenden Bendler ins Gesicht.

»Wir sind zwei dumme, lächerliche Träumer, Bendler! Statt den Abend zu genießen, machen wir uns unnütze Gedanken über die Verbesserung einer an sich wertlosen Welt. Komm, Freund – laß uns an der Hecke lieber dem Spiel der entzückenden Marie lauschen.« Er hob leicht die Hand, zeigte zum Nebenhaus und legte den Kopf lauschend zur Seite. »Hörst du – ein Rondo von Haydn. Kunst, lieber Freund, ist doch der einzige Trost in dieser jammervollen Welt.«

»Und gerade die Künstler sterben massenweise an Hunger…«, vollendete Bendler finster den Satz.

Dann traten sie aus der Laube, gingen zur abgrenzenden Hecke und hörten still dem Spiel des Spinetts zu, bis die Kühle der Nacht sie zwang, ins Haus zurückzugehen.

Traumlos schlief Otto Heinrich Kummer diese zweite Nacht in seiner neuen Heimat.

Ein leichter Regen, der in dieser Nacht fiel, trommelte leise an das Fenster der Luke, rauschte in der Rinne und schuf in dem kleinen Raum unter dem Dach die behagliche Wärme des Geborgenseins.

Die Wochen gingen mit angestrengter Arbeit in Apotheke und Laboratorium dahin.

Herr Knackfuß zeigte sich Kummer gegenüber von einer zwar strengen, aber keineswegs unangenehmen oder ungerechten Seite, wie er sie manchmal bei den anderen Gesellen, vor allem bei Bendler, aufsteckte, sondern behandelte den Jüngling mit einer sonst fremden Höflichkeit. Und doch schien es Kummer, als sei diese ganze Behandlung nur ein Abtasten, ein Abwarten, eine Stille vor einem gewaltigen Sturm, ein Spionieren nach der schwachen Stelle, wo Knackfuß ihn tödlich treffen konnte.

Da er dieses Gefühl nie los wurde, lag er beim Eintritt des Chefs und bei den gemeinsamen Mahlzeiten ständig wie ein Raubtier auf der Lauer und vermied alles, was ihm eine Blöße geben konnte. Das Gefühl, in einer neuen Heimat zu sein, wich deshalb auch sehr bald dem zähen Gedanken eines unterirdischen Kampfes, eines Postenstehens, das ermüdet und hart im Herzen macht.

Mit Jungfer Trudel hatte er in den vergangenen Wochen nicht wieder gesprochen, sie höchstens lässig gegrüßt, wenn er ihr auf der Treppe oder im Laden begegnete. Auf die an einem Abend plötzlich hervorgeschossene Frage Knackfußens, was ihm an seiner Tochter mißfiele (denn der Stolz des Vaterherzens hatte durch die lang ersehnte hochmütige Behandlung seiner Tochter unmerklich einen starken Stoß erhalten), entgegnete ihm Otto Heinrich klug, daß sein Herz an ein Mädchen in Dresden bereits gebunden und es nicht Sitte sei, dann noch andere Jungfern mit schönen Blicken zu bedenken.

Wenn Knackfuß diese Antwort auch nur halb gelten

ließ und instinktiv fühlte, daß es ein Ausweichen war, hob sie doch den jungen Provisor sehr in seiner Achtung, und er schrieb an den Herrn Münzmarschall nach Dresden einen Brief, daß er mit dem Herrn Sohn sehr zufrieden sei und sein Können nicht überschätzt wurde.

Willi Bendler war in den Wochen ziemlich still geworden, wenn er außerhalb der Ladentheke und des Gesichts der anderen Kollegen war. Mit Kummer hatte er in letzter Zeit manche besinnliche Stunde, die immer um den Gedanken kreiste, auszubrechen und als Gegner der gesellschaftlichen Ordnung ein Märtyrer der Idee zu werden!

Wenn dann am Abend die wilden Herbstwinde um das Dach stöhnten und die Schindeln klapperten, saß er oft auf dem Rand seines Bettes, angetan mit seinem überdimensionalen Nachthemd, und philosophierte von der Freiheit der Menschen und kam zu keinem Entschluß, weil – wie er sagte – sein Vater nur ein kleiner Dorfschullehrer und kein Minister war.

Sonst ging das Leben ziemlich still seinen altgewohnten, gut eingespielten Verlauf. Die Tage wurden kürzer, die Nächte länger und die Herzen schwerer, wenn die dunklen Wolken von den Bergen herniederstiegen.

An einem Sonntag war es, als Otto Heinrich Kummer sich einen Tagesurlaub erbat und eine kleine Reise nach Augustusburg unternahm, einem alten, herrlichen, weiten Schloß auf den Höhen des Erzgebirges, dem Sitz des Freiherrn Ritter von Günther, einem Kämmerer des Königs und Freund des Staatsministers.

In dem kleinen Ort Augustusburg, das am Fuße des

Burgberges lag, wohnte eine Tante Otto Heinrichs, und um diese zu besuchen, klapperte er mit einem Bauernfuhrwerk durch die Schluchten und Hohlwege und scheute nicht die beschwerliche Fahrt durch das Gebirge.

Nachdem er seinen schicklichen Besuch gemacht und alle Grüße ausgerichtet hatte, spazierte er den Burgberg hinauf, umging das mächtige Schloß und bewunderte die schönen Bildhauereien der Toreinfahrt, sprach mit der kostbar uniformierten Wache einige freundliche Worte und ließ sich von dem Leben des üppig hausenden Freiherrn von Günther berichten, dann ging er in den nahen Park, setzte sich auf eine Steinbank nahe des Steilhanges und blickte hinab auf den kleinen Ort und das Flüßchen Zschopau, das den Flecken durchfloß.

Ganz sich der Ruhe hingebend, lehnte er an den kühlen Stein der Bank, als er bei einem Seitenblick über den weiten Platz hinter der Burg in einer Steingrotte einen Mann sitzen sah, der in einem auf seinen Knien liegenden Buch las. Ein Zierdegen mit vergoldetem Korb hing an seiner Seite, und das gepflegte Haupthaar sowie die von einem ersten Schneider gefertigte Kleidung ließ einen wohlhabenden Mann erkennen. Die langen, etwas knochigen Hände blätterten die Seiten des Buches wie in Gedanken um, während die Augen unter den buschigen Brauen in dem asketischen Gesicht beim Lesen fast geschlossen waren.

Die merkwürdige Erscheinung des Fremden zog den Jüngling ungemein an.

Er konnte nicht sagen, was ihn an diesem Manne interessierte, denn sein Äußeres war weder schön noch häßlich, sondern von jener Allgemeinheit, die nirgends auffällt. Und doch strömte die Ruhe und das ganze Bild dieses lesenden Mannes in der Grotte eine solche Macht auf Otto Heinrich Kummer aus, daß er sich unwillkürlich erhob und dem Manne näher trat.

Um ihn nicht zu brüskieren, ging er erst ein paarmal um die Grotte herum, betrachtete dann ein Steingebilde am Eingang und trat schließlich näher, als wolle er das Innere besichtigen.

Als sein Schatten auf das Buch fiel, blickte der Leser auf, und ein forschender, heller Blick traf den vermessenen Jüngling.

»Pardon«, murmelte Kummer und zog seinen Hut. »Ich wollte Sie nicht stören.«

»Was mich allein stört, ist, daß Sie sich als Deutscher auf französisch entschuldigen«, antwortete ihm der Fremde mit einer dunkel klingenden, weichen Stimme.

Er klappte das Buch zusammen, legte es zur Seite und musterte von unten herauf den verlegenen Apotheker.

Ein Lächeln flog einen Augenblick über seine harten Züge.

»Belustigen Sie sich auch an dem Völkertreiben des Herrn von Günther?« fragte er nach einer kleinen Weile des Schweigens. »Die Bauern im Tale hungern – aber dem Herrn Ritter von Günther müssen sie die Hühner bringen!«

»Es ist vielleicht sein Recht«, wagte Kummer zaghaft einzuwenden, obgleich er keinerlei Lust empfand, den unbekannten Edelmann zu verteidigen. Nur etwas sagen wollte er, um die Pause der Verlegenheit zu überwinden.

Der Fremde neigte ein wenig den Kopf auf die Seite und schlug mit der Faust der rechten Hand in die flache Linke.

»Recht! Fragt heute jemand noch, was Recht ist? Tut es der kleine Mann, so ist es Revolte, tut es der große Mann, so ist es Gesetz – tut es aber der Aristokrat, so ist es eine Regierungsbildung! Es ist das Recht der Bauern, zu verhungern, weil es das Recht des Herrn von Günther ist, sie auszusaugen. Das ist eine praktische Kausalität, eine Logik, an der die alten griechischen Philosophen scheiterten. Eine solche Auslegung des Rechts konnte weder der Humanismus noch der Absolutismus, noch die Französische Revolution verbessern… Und da sprechen Sie vom Recht, junger Mann!«

Die Art zu sprechen zog Kummer ungewollt an. Er setzte sich neben den Fremden auf die Steine der Grotte und stützte sich auf seinen Stock.

»Verzeihen Sie, wenn ich eine Frage an Sie richte«, sagte er mit Betonung.

»Bitte.«

»Was halten Sie vom Recht des Individuums?«

»Nichts! Denn es muß erst geboren werden.«

»Und wenn es geboren ist?«

»Dann wird es nicht wirksam sein, weil die Masse nie stärker wird als der Kopf des Staates. Man redet heute viel von einer Demokratie. Volksrecht nennt man es, Volksvertretung, Volksherrschaft, die höchste Staatsgewalt geht vom Volke aus! Lassen Sie mich lachen, junger Freund – oder glauben Sie wirklich, daß im Jahre 1834 eine Demokratie möglich ist? Bei *dem* Königtum!«

Er schüttelte den Kopf und steckte das neben ihm liegende Buch in die Rocktasche.

Kummer sann einen Augenblick vor sich hin, ehe er eine Antwort gab. Dann sagte er langsam und bedächtig:

»Ich glaube, daß diese Welt einmal untergeht, weil sie sich überzüchten wird!«

»Und diese Überzüchtung beginnt bei der Vormachtstellung des Intellektualismus!« rief der Fremde laut und leidenschaftlich aus. »Junger Freund, Sie haben einen guten Gedanken gefaßt! Überzüchtung! Das ist es! An ihr starben Ägypten, China, Karthago, Rom, Griechenland, die Phönizier und Perser. Überzüchtung ist der Untergang aller Völker gewesen – der geschichtliche Untergang, von dem es keine Erholung gibt. Wehe dem Deutschland, das einmal so herrisch ist, sich übervollendet zu nennen! Er könnte sterben, ohne die Auferstehung der schöpferischen Kräfte nochmals zu erleben!«

Otto Heinrich Kummer hatte mit leuchtenden Augen zugehört. Jetzt ergriff er in einer freudigen Aufwallung die Hand des Fremden und drückte sie.

»Sie sprechen die Wahrheit, Herr. Sie sprechen mir aus der Seele. In langen Nächten habe ich gegrübelt, ob ich wohl einen Menschen finde, der mich versteht. Ich ging nach hier in die Verbannung, weil ich angeblich träumte, ich nahm das schwerste Los auf mich – die Heimatlosigkeit und Einsamkeit –, und ich finde auf der Augustusburg einen Menschen, der mit mir eines Gedankens ist!« Er ließ die Hand los, verbeugte sich und sagte: »Gestatten Sie mir, daß ich als der Jüngere meinen Namen nenne: Otto Heinrich Kummer aus Dresden, weiland Apotheker in Frankenberg.«

Der Fremde nahm seinerseits den Hut von den schon leicht ergrauten Haaren, verbeugte sich leicht und antwortete:

»Ich danke Ihnen, junger Freund. – Von Maltitz.«

Mit aufgerissenen Augen prallte Kummer zurück.

»August Freiherr von Maltitz«, stammelte er. »Der Dichter der Pfefferkörner?!«

»Setzt Sie das so in Erstaunen? Die meisten verlassen meine Nähe, wenn sie meinen Namen hören. Mein Name hat für das Bürgertum und die Aristokratie etwas wie den Pestgeruch an sich.« Er lachte schallend, indem er seinen Hut wieder aufsetzte und einige Schritte aus der Grotte trat. »Da Sie den ersten Schreck überwunden haben, lieber Herr Kummer, werden Sie mir einen kleinen gemeinsamen Spaziergang wohl nicht abschlagen?«

»Ich wüßte nicht, was mir eine größere Ehre wäre...«, stammelte der erfreute und im ersten Augenblick betroffene Jüngling.

»Bitte, werden Sie jetzt nicht konventionell«, rief Herr von Maltitz ernst. »Sprechen Sie so weiter wie bisher. Ich hasse billige Konventionen und gelernte Moralsprüche. Denken Sie an Luther: Man muß dem Volke aufs Maul sehen! Maul sagte er, nicht Mund oder gar Lippen. Plebejisch Maul! Das ist eine Visitenkarte für den ganzen Mann, den ich für den größten Revolutionär seit Christus halte!«

Langsam schritten sie nebeneinander durch den Park und verließen den Komplex der weitausladenden Augustusburg. Unter hohen Tannen wandelten sie in den trüben Oktobertag hinein, bis sie an einer Quelle, die aus einer Felsspalte unterhalb des Schloßparkes entsprang, anhielten und sich auf die Stöcke stützten.

»Denken Sie nicht«, nahm Maltitz die Unterhaltung wieder auf, die den Weg über geruht hatte, »daß ich Ihnen Unterricht in der Behandlung neuer Lebensformen geben möchte. Nichts liegt mir ferner als das! Aber es ist wohltuend, auch für mich, einmal einen Menschen aus der Zukunft Deutschlands zu sprechen, der nicht auf dem Boden des billigen Hurrapatriotismus steht. Für diese Jugend habe ich meine ›Pfefferkörner‹ geschrieben und mein Drama ›Schwur und Rache‹. Nicht Rache an der Borniertheit dieser Spießer, sondern Rache an dem absolutistischen, ekelhaft nationalen deutsch-preußischen Geist, den der sogenannte Befreiungskrieg erst richtig entfesselte und zu einer geschichtlich lächerlichen Manie werden ließ. Auch Kleist überwand ihn nicht – er war mehr sein Verfechter auf idealer Basis. Aber mit diesen Idealen baut man keine neue Weltanschauung! Das nämlich ist der Grund allen modernen Staatswesens: Wir müssen lernen, die Welt und ihre Gesetze anders zu schauen – wir müssen eine Weltanschauung haben, eine objektive Sicht unserer Grenzen und Pflichten. Wir müssen aus dem kreisförmigen Denken heraus in ein flächenförmiges Denken übergehen. Wir dürfen nicht sagen: hier Deutschland – dort Frankreich oder England oder Belgien! Wir sind *eine* europäische Gemeinschaft, eine große Schicksalsgemeinschaft, die einmal an ihrem Rubikon stehen wird! – Das wollen die Herren in Berlin und Dresden, München und Stuttgart und wo sie alle residieren, nicht wissen. Das sehen sie in ihrem Serenissimustum nicht ein, denn noch steht ihr Thron und gibt es Mätressen genug, die ihnen den realen Sinn umnebeln. Aber es läßt sich nicht leugnen, daß auch Rom und Griechenland, Weltreiche wie die der Pharaonen und der Chinesen einfach untergingen und geschichtlich starben mit allen Werten ihrer hochentwickelten Kultur, weil sie von innen heraus verfaulten an der Trägheit einer sich von Fall zu Fall wandeln müssenden Anschauung des gemeinsamen Schicksalsraumes – eben der Welt!«

Herr von Maltitz schwieg und fing mit der Hand spielerisch einige Wassertropfen auf, die von der Felsenquelle zu ihm emporspritzten. Otto Heinrich Kummer, der der Rede mit wachsendem Erstaunen und fiebernder Begeisterung gefolgt war, stieß nun den Stock in den Rasen und lief vor der Quelle hin und her.

»Alles Worte, Worte – Herr von Maltitz! Sie dringen nicht tief genug in das Volk, um es aufzureißen. Ich habe mit meinem Vater schon einen Disput über dieses Thema gehabt. Er nannte mich einen billigen Schwätzer und drohte mir mit einer Verbannung, wenn ich in seinem Hause weiter solche Revolten anzünde.«

»Ihr Herr Vater?« Maltitz betrachtete Kummer von der Seite und wiegte den Kopf. »Aus Dresden kommen Sie? Ich kenne in Dresden nur einen Kummer, der einen solchen Sohn hervorbringen könnte...«

»Mein Vater ist Benjamin Kummer, der...«

»Natürlich – der Münzmarschall!« rief laut lachend Herr von Maltitz. »Wie konnte ich nicht von Anfang an darauf kommen?!« Er trat an den jungen Apotheker heran und legte ihm die Hand auf die schmale Schulter. »Allerdings – bei einem solchen königstreuen Beamtenvater haben Sie es schwer, die neue Zeit zu proklamieren. Wer kennt in Dresden nicht den Münzmarschall Kummer! Man darf ihm seinen Patriotismus nicht verübeln. Ein Mann, als Mensch ebenso groß wie als Künstler, wuchs er in dieser strengen Atmosphäre auf und kann die Haut nicht wechseln, ohne sich selbst aufzugeben. Die Hochachtung des Alten und Erprobten ist der letzte Halt seiner Sittlichkeit als Beamter. Das ist selbstverständlich. Um so schwerer wiegt es, daß sein Sohn ein Sucher ist, ein Tastender, ein Rufer...«

»Und ein Einsamer«, fiel Kummer ins Wort. »Ein grenzenlos Einsamer, Herr von Maltitz…«

»Das sind wir alle, wir Glücksucher für die Menschheit. Oder kennen Sie einen Propheten, dem das eigene Volk zujubelt? Wie sagt doch Kleist? – Das Leben nennt der Derwisch eine Reise… Mein lieber Kummer, in *dieser* Kutsche sitzen wir nicht auf weichen Polstern!«

»Aber manchmal wird es unendlich schwer, ein Ausgestoßener der Gemeinschaft zu sein.«

»Es ist das Los aller Gladiatoren, ob in der Arena oder auf dem schlüpfrigen Pflaster der Politik. Das ›Ave, Imperator, morituri te salutant‹ wird unsterblich sein, wie das ›ecce homo‹ des Christentums! Daran müssen Sie sich gewöhnen, junger Freund – man kann nur Großes schaffen, wenn man Feinde hat, die einen zur doppelten Kraft anspornen. Und allein an der Masse der Gegner erkennt man, wie weit oder wie nahe man dem Ziele ist. Wenn eine ganze Welt gegen einen steht, kann man sicher sein, den Sieg bald errungen zu haben. Das ist das merkwürdige Gesetz dieses kosmischen Planeten: eine Größe wird erst groß durch Verdammnis!«

Mit einem resignierenden Achselzucken bedeutete Maltitz, daß er das Thema für beendet betrachtete, und wandte sich ab, hinab ins Tal nach Augustusburg zu gehen.

»Ich darf Sie doch für den heutigen Tag als meinen Gast betrachten, Herr Kummer«, sagte er, und als er sah, daß der Apotheker zögerte, machte er eine wegwischende Handbewegung und fügte seiner Einladung hinzu: »Mir schwant, daß wir manches noch zu bereden und uns noch von mancher Seite zu beschnuppern haben. Das kann am tröstlichsten geschehen bei einer Flasche Wein und einem dicken Kotelett.« Und mit einem dionysischen Lächeln zwinkerte er Otto Heinrich zu. »Merken Sie sich eins, junger Freund – man darf über alle Ideale nicht die schönste aller Realitäten vergessen: das Essen!«

Lachend und in angeregtem Gespräch stiegen sie den Burgberg hinab und kletterten auf steilen Bergwegen durch dichte Tannen hinunter in die Stadt, überquerten das Flüßchen auf einer mäßig geschwungenen Steinbrücke und schritten durch die schmucke Hauptstraße dem Hause des mit alten Sprüchen verzierten Ratskellers zu.

Dort trafen sie ein, suchten sich einen Tisch in einer der holzgetäfelten Ecken, bestellten bei der drallen Kellnerin einen halben Liter Wein und zündeten ihre Pfeifen an, es sich in dem behaglichen Raum gemütlich zu machen.

Als der Wein in einer Karaffe auf dem Holztisch stand und der erste Schluck probiert war, lehnte sich Maltitz weit in seiner Bank zurück und blies den dicken Rauch aus seiner Pfeife gegen die mit breiten Balken verzierte, hölzerne Decke.

»Wir haben beide nicht erwartet, heute noch in Augustusburg eine angeregte Stunde zu verbringen«, sagte er. »Am allerwenigsten ahnte ich, daß ich einen jungen Menschen treffe, der, aus einem inneren Drang heraus, selbständig denkt. Das tun nämlich heute die wenigsten. Sie glauben, was ihnen von oben herab in die Ohren geblasen wird, und bekränzen die Dummheit, wenn sie laut genug schreit.«

Er nahm das Glas auf, trank einen kräftigen Schluck,

kaute den Wein ein wenig, wie es Kenner bei einem guten Tropfen lieben, und lehnte sich dann wieder zurück.

»Die Literatur hat mir den Krieg angesagt. Meine Dramen ›Schwur und Rache‹, ›Hans Kohlhaas‹ – nach der Kleistschen Geschichte – und ›Oliver Cromwell‹ möchte man am liebsten von der Liste streichen, weil der Atem der Revolution in ihnen weht. Die ›Pfefferkörner‹ und die ›Humoristischen Raupen‹ liegen den Herren wie ein Stein im Magen! Als ich in Berlin einmal bei der Aufführung von ›Schwur und Rache‹ trotz des königlichen Verbotes die vom Zensor gestrichenen Stellen *doch* spielen ließ, wurde ich des Landes verwiesen und mußte nach Dresden ziehen!« Er legte die Pfeife auf den Tisch und faltete die Hände über der Jacke. »In Deutschland einen Zensor! Das ist die royale Freiheit! Die Polizei auf der Bühne, der Knüppel des Gesetzes in der Literatur! Ist nicht die Kunst, ganz gleich, in welchen Formen sie auch auftritt, frei und darf gestalten, was das Individuum ergreift?! Wenn der Staat nicht stark genug ist, sich gegen eine Kritik zu schützen, wenn ein Staat nichts anderes kann, als mittels eines Dogmas die Opposition auszuschalten, ein solcher Staat ist reif, daß er zusammenbricht. Das wahre Glück der Völker beginnt bei dem Recht der freien Wahrheit. Nur der ist ein guter Herrscher, der die Wünsche und Klagen der Masse erhört und aus ihnen lernt. Wir alle sind ja nur Lehrlinge auf dieser Erde, Unfertige, die nie fertig werden, denn es ist das Schicksal des Menschen, stets an der Schwelle der Erfüllung zu sterben. *Gibt* es aber einmal einen Menschen, der von sich sagen kann: Seht, ich bin so weit, daß ich mir Erde, Himmel und selbst Gott unterordnen kann – so wird er an der eigenen Größe ersticken und wie der Turm zu Babel durch das eigene Gewicht zusammenstürzen!«

Er schwieg und blickte sinnend in das halbgeleerte Glas.

»Ich habe das in alle Lande laut hinausgerufen. Glauben Sie, lieber Kummer, die Menschen haben mich verstanden? Sie sehen nur die gefüllte Speisekammer und schreien Hurra und Vivat, wenn die goldene Staatskalesche durch die Straßen rattert. Mich nennen sie« – er lächelte schwach – »einen Dilettanten! Das ist die bequemste Art, einen Menschen zu ignorieren. Dilettantismus ist etwas Schreckliches! Wenn Sie nur einmal einen dramatischen Verein oder eine Dichterlesung der Literaturfreunde miterlebt haben, wünschen Sie sich Dantes Inferno in diesem Kreise der Aftertalente. – In diese Gruppe hat mich die moderne Literatur kategorisiert. Sie glaubt mich damit totzuschweigen. Aber die Pfefferkörner sind in ihren monarchensüßen Teig gestreut, und Pfeffer neben Zucker ist kein gutes Konglomerat.«

Otto Heinrich Kummer hatte bisher, ohne Maltitz zu unterbrechen, mit fiebernden Augen zugehört. Jetzt, in der kleinen Atempause, rief er laut:

»Und ist keiner da, der zu Ihnen steht, Herr von Maltitz?!«

»Wenige, lieber Kummer. Man scheut sich, mit mir in den Bann zu treten. Man achtet die gesellschaftliche Hohlheit höher als die Freiheit des Geistes von morgen!«

»So lassen Sie mich einer Ihrer Freunde sein«, rief der junge Apotheker mit leuchtendem Blick. »Ich habe nichts zu verlieren, nur zu gewinnen! Ich spüre es, daß Sie genauso einsam sind wie ich. Daß Sie allein stehen, weil Sie sich nicht beugen können vor dem, was Ihr Geist nicht anerkennt. – Nehmen Sie meine Hand« – er streckte ihm die Rechte hin –, »Sie sollen in mir einen Genossen haben, dessen glühende Liebe zur Freiheit und Kunst nie erlischt.«

Die schwärmerische Rede des Jünglings entlockte dem Dichter ein gütiges Lächeln. Aber mit einer freudigen Bewegung schlug er in die dargebotene Hand ein und drückte sie in aller Herzlichkeit.

»Mein lieber Kummer«, sagte er dann, »es sind nicht die schlechtesten Bünde, die zwischen Überschwang und Bedacht geschlossen werden. Lassen Sie uns das kleine Fest feiern und unter der Burg eines der Tyrannen mit kräftiger Lunge unseren neuen Kommers singen!«

Mit einem Schwung schob er die Karaffe zur Seite, klopfte mit dem Pfeifenkopf auf die Tischplatte und rief:

»He – Bedienung!« Und als sich der Kopf der Kellnerin hinter der Theke zeigte, lachte er. »Holdes Wesen – fahrt Wein und guten Brand auf! Laßt Euch nicht lumpen mit Eurem Keller – heran, wir sind durstig und haben einen sonnigen Tag zu feiern!«

Nachdem der Wein in verstaubten Flaschen aus dem Keller auf den Tisch getragen war, begann eine lustige Becherei, die Maltitz mit schnurrigen Versen und Erzählungen zu würzen verstand. Der Abend war unterdessen hereingebrochen, und der Ratskeller füllte sich mit den biederen Augustusburger Bürgern, denen die lustige Gruppe in der Ecke auffiel und ein wenig Neid erweckte beim Anblick der bestaubten Flaschen.

So füllte sich der Raum mehr und mehr, dichter Tabaksqualm nebelte bald die weite Sicht ein, bis es schier unmöglich war, die Theke aus der Ecke noch zu erkennen, während die Stimmen lauter und die Bewegungen schwerer wurden, denn der Ratswirt zapfte einen guten, gegorenen Tropfen und einen höllischen Brand.

»Die Bürger von Augustusburg mögen leben!« rief Herr von Maltitz plötzlich laut in den Raum hinein. Und als sich alle Köpfe wie an einem Zugband zu ihm umwandten, hob er sein Glas und prostete ihnen zu.

»Beim guten Wein läßt sich's gut leben!« rief eine Stimme aus der Menge, und helles Gelächter flatterte auf.

»Der Wein ist für jeden!« rief Maltitz zurück. »Wer mein Freund ist, komme heran und trinke mit uns! Wer aber ein blöder Spießer ist, der verlasse den Keller!«

Ein Bürger will nie ein Spießer genannt werden, wie es ja überhaupt wenige Leute gibt, die ihren richtigen Namen zu schätzen wissen. So kamen denn auch etliche Ehrenmänner an die Ecke heran, schoben ihren Stuhl an den Tisch der beiden und griffen ungeniert zum Weine. Selbst der Bürgermeister von Augustusburg, der sonst streng auf die Wahrung der Distanz sah, ließ sich die Chance nicht entgehen, einen sonst nur im Traum erahnten Tropfen aus der Flasche zu genießen, und rückte keck neben den Herrn von Maltitz, der sich, der Ehre nicht bewußt, bezecht an ihn lehnte.

»Meine Freunde!« hob er zu sprechen an. »Wir sind zwei fahrende Gesellen. Scholaren der Politik, Magister des Wortes und Famuli bei den Künsten der Musen!« Er zeigte auf Otto Heinrich Kummer und klopfte dem leicht Schwankenden auf die Schulter. »Mein junger Freund hier ist ein Dichter. Vor einer Stunde hat er mir's gestanden! Wohlan, Kollege – eine Probe wollen diese Herren hören!« Und als sich Kummer sträubte, hieb Maltitz die Faust auf den Tisch und schrie: »Ist keiner unter euch, der diesen Dichter bittet, uns zu erfrischen?!«

Während die Freunde noch miteinander verhandelten, wer zuerst auf den Tisch steigen solle und seine Verse vortrage, trug der Ratswirt Krug um Krug in die nun weite Runde und trug mit ihnen eine dicke Trunkenheit in die Gehirne der vergnügten Zecher.

»Zuerst der Junge!« rief der Bürgermeister.

»Siehst du«, sagte Herr von Maltitz. »Der Bürgermeister sagt es auch!«

»Was soll ich denn deklamieren!« rief der junge Kummer. »Ich habe doch nur ernste Lieder!«

»Was, ernst?!« Ein dicker Mann – es war der Schmied – donnerte seine Stimme durch den Qualm. »Ein Trinklied, Bürschchen, oder ich hole den Amboß und schlage so lange den Takt, bis dir ein Verschen kommt!«

»Ein Trinklied!« johlte die Menge. »Ein Trinklied!«

Und Maltitz stand schwankend auf, zerrte Kummer mit sich empor und schrie: »Ein Trinklied! Ein Trinklied!«

Ehe es sich der Jüngling versah, stand er schon auf dem Tisch, umringt von einer johlenden, rauschenden, trunkenen Menge, von dicken, glänzenden Gesichtern, wässerigen Augen und blauen Nasen, fleischigen Händen und dröhnenden Stimmen. Und während er sich noch besann, sammelten sich die Stimmen zu einem grölenden Chor und brüllten:

»Ein Trinklied! Hussei! Ein Trinklied! Ein Trinkliiiied!«

Da hob Kummer die Hand. Von irgendwoher warf

man ihm eine Laute in den Arm, er preßte sie an seine
Brust, schlug die Saiten laut zu einem Akkord und begann dann, so, wie ihm die Verse wie ein Kobold in
den Mund sprangen, zu singen:

>>Freunde, laßt uns heut vergessen,
was im Herz uns schmerzhaft rührt,
laßt im Punsche uns vermessen
suchen, was die Freude spürt!

Greift mit kühner Hand zum Becher,
dieser Griff sei euch erlaubt,
selbst der ält'ste Herzensbrecher
wird im Rebensaft entstaubt!

Hoch die Gläser, hohl die Kehlen,
trinkt, o trinkt, eh es zu spät,
jeder Tropfen wird euch fehlen,
wenn's juchhei zur Hölle geht.

Hoch die Gläser, hohl die Kehlen,
schüttet, Freunde, haltet Schritt –
ich versprech' euch: wenn ich sterbe,
nehm' ich meinen Becher mit!<<

>>Das nenne ich ein Trinklied!<< schrie Maltitz, als Kum-
mer die Laute in die klatschende Menge warf und mit
einem großen Sprung vom Tisch setzte. >>Das nenne ich
Feuer im Blut. Trinklied, beim Punsche zu singen – Otto Heinrich, Freund, Bruder auf den Wegen der Verachtung – das ist der rechte Geist: vom Scherze singen,
während Tränen in der Kehle drücken.<< Er riß den
Jüngling in seine Arme, drückte ihn an seine breite

Brust und streichelte ihm über das blonde Haar, während die betrunkenen Bürger lärmend und lachend umherstanden und das Sichfinden zweier Seelen mit einem plumpen Scherz verwechselten.

»Noch ein Lied!« grölten sie und trommelten mit den Fäusten den Takt auf die Tische.

»Noch ein Lied!« brüllte der Schmied. »Zur Hölle geht's ja allemal! Da hat er recht! – Ein Lied!«

Doch Kummer schüttelte den Kopf und sah Maltitz flehend an.

Maltitz verstand, warf einen Säckel mit Geld auf die Theke, schob den Apotheker zur Tür, riß sie auf, daß die kühle Luft der Herbstnacht in den Qualm und Weindunst der Wirtschaft schoß und die blauweißen Schwaden zu brodeln und kreiseln begannen, und wandte sich dann an die nachdrängenden, protestierenden Bürger:

»Freunde«, rief er. »Genug des Singens! Nur selten leuchtet ein Genie auf – es ist ein Stern, der sparsam mit dem Licht ist!« Und als er sah, daß diese Rede an den stieren Augen, offenen Mündern und rülpsenden Kehlen vorbeiging, schrie er: »Sauft weiter! Noch ist's nicht Morgen! Wir geh'n nur einmal um das Haus und kommen dann wieder!«

»Ein Lied will ich haben!« brüllte der Schmied. »Ich lege euch über den Amboß – beim neunzigschwänzigen Satan –, ich will ein Lied!«

»Sing dir's allein!« lachte Maltitz zurück, während er Kummer durch die Tür ins Freie schob. »Oder besser: singt alle!« Und er sang laut:

»Wirt, ein Glas her! Wirt, 'ne Flasche,
meine Kehle ist schon wund,
zapft vom Faß mir die Karaffe,
gebt mir einen Schlauch zum Mund…«

Mit lautem Grölen fielen die Bürger von Augustusburg ein, hieben auf die Tische, umarmten sich und schrien, an der Spitze der Wirt und der Schmied, deren mächtige Bässe wie Orgelpfeifen die Runde übertönten. Mit den Füßen den Takt stampfend, ließen sie die Kanne von Mund zu Mund gehen und jagten die Kellnerin hin und her.

Maltitz war währenddessen dem Freunde gefolgt, faßte ihn nun unter und ging mit ihm durch die kühle, frische Nacht.

Hinter ihrem Rücken klang schwach der Rundgesang aus der Wirtschaft, vor ihnen strahlte mit Hunderten Lichtern die Augustusburg auf ihrem mächtigen Felsen, und vom sternenklaren, glitzernd übersäten Himmel drang beängstigend sanfter Frieden in die Seele der beiden Wanderer.

»Ich habe Ihnen eine schöne Nacht und einen noch schöneren Tag zu danken«, sagte Kummer nach langer Schweigsamkeit. »Ich nehme die Nachtpost, Herr von Maltitz – ich muß morgen frisch im Laboratorium stehen.«

»Nicht Sie dürfen mir danken, bester Freund«, erwiderte Maltitz und legte seinen Arm um Kummers Schulter. »Sie haben mir für wenige Stunden die Lust zum Leben gegeben. Ihre Jugend, Ihr Glaube an das Kommende, Große, Ewige, Menschliche hat auch mich entzündet. Dafür muß ich Ihnen danken... denn es ist viel, sehr viel...«

Vor dem Rathaus, wo die Nachtpost wartete, drückten sie sich lange die Hand und sahen sich tief in die Augen.

»Leben Sie wohl«, sagte Kummer mit belegter Stimme. »Ich werde im Geiste stets bei Ihnen und Ihrem großen Werke sein.«

»Auf Wiedersehen«, antwortete Maltitz leise. »Ja, auf Wiedersehen... mein Freund Kummer...«

Rasselnd verschwand die Kutsche in der Dunkelheit.

Das Leben in Frankenberg ging seinen altgewohnten, streng dem Gesetze des Berufes vorgeschriebenen Gang.

Nach seiner Rückkehr aus Augustusburg hatte Otto Heinrich es vermieden, mit Bendler in eine neue Aussprache zu kommen, sondern in dem unerklärlichen Gefühl, daß sein Weg in die Freiheit nicht über die Verachtung des Individuums, sondern über das dichterische Wort eines aufreißenden und mahnenden Vorbildes des Ichs führte, schaute er oft mit einer Art Angst und Mitleid auf den riesigen Freund, wenn Bendler verbissen und mit den Fingern an die Scheibe trommelnd am schmalen Fenster stand und in die Weite starrte.

»Man ist wie ein Tier«, sagte er einmal in einer solchen Stunde. »Wie ein Tier, das die Freiheit kennt, aber hinter Gittern bleibt, um das pünktliche Fressen nicht zu verlieren...«

Otto Heinrich vermied es, darauf eine Antwort zu geben. Doch in der Stille verstanden sie sich besser und fühlten, daß ihr Ziel das gleiche war, nur, daß der eine den Menschen verachtete und der andere als letzte Rettung seiner Seele ihn suchte und rief.

Mit Jungfer Trudel kam der junge Apotheker seit der Begegnung in dem Wäldchen nicht mehr zusammen. Tunlichst vermied er alle Möglichkeiten, sie allein zu treffen, schickte einen Lehrling in die Küche, wenn er etwas Feuer oder Kohlen für das Laboratorium brauchte, und nur bei Tische, wenn alle Gesellen vor den Blicken Knackfuß' sich verkrochen, sah er ihre dicken, blonden Flechten und starrte gesenkten Kopfes auf den Teller, um ihre Augen nicht zu sehen und die große Frage, die Willi Bendler mit einem halb verlegenen, halb hilflosen Grinsen ablas.

Und doch verging kein Tag, an dem Otto Heinrich nicht an einem der Fenster in der Apotheke oder im Laboratorium stand, hinaus auf die Straße blickte und wartete, bis Trudel aus dem Hause trat, den Einkaufskorb am geflochtenen Henkel um den linken Arm gehängt, und über den Markt ging. Dann sah er ihr mit seinen großen, sehnsüchtigen Augen nach, bis sie im Gewühl der Marktgänger verschwand oder sich die Tür eines Geschäftes hinter ihrer schlanken, in einen pelzverbrämten Mantel gehüllten Gestalt schloß.

Mit einem müden Lächeln, manchmal auch mit einer zitternden Bewegung seiner Hand über die blonde Locke über seiner Stirn, wandte sich dann Otto Heinrich wieder den Kolben und Tiegeln zu und schaute auch einmal mit einem schaudernden Gedanken auf die schwarzen Totenköpfe der Giftflaschen in dem hohen Schrank, um sich dann mit einem Seufzer abzuwenden und in das brodelnde Kochen seiner Säuremischungen zu starren.

Von diesen Augenblicken des täglichen Wartens und Sehnens ahnte weder Willi Bendler noch Jungfer Trudel etwas.

So kam der trübe, grau verhangene Tag, an dem der erste Schnee sich über die Berge ins Tal wagte, das Städtchen in der Senke wie in Watte packte und eine sanfte Stille von den kahlen, weißen Wäldern durch die Straßen kroch. In den Zimmern der geduckten Bürgerhäuser, in deren Außenschnitzereien sich der Schnee zu kleinen Puppen backte, krachten die Scheite in den breiten Kaminen, die Vorstimmung des nahen Festes trug in die Augen jenen warmen Glanz, den Menschen haben, wenn sie fühlen, daß sie glücklich sind, und in der Apotheke wurden Watte und aus dünnstem Glas geblasene, bemalte Kugeln mehr gefragt als Magenpflaster, Hustensaft oder Salbe gegen frosterstarrte Glieder.

An diesem ersten Tage des ersehnten Schneefalls rief Herr Knackfuß um die Mittagszeit Otto Heinrich Kummer in sein kleines, hinter dem Laden gelegenes Kontor. Mit der leisen Scheu, die der junge Apotheker immer fühlte, wenn ihn sein Herr für ein paar Worte zu sich bat, ging er durch das langgestreckte Laboratorium, verzögerte bei Willi Bendler etwas seinen Schritt, wollte ein Wort, vielleicht nur einen Anruf sagen, schüttelte dann aber den Kopf und trat hinaus auf den kleinen Flur, der zwischen Kontor und Apotheke lag.

Als er nach einem leisen Klopfen und einem energischen »Herein!« in das Zimmer trat, schritt Herr Knackfuß mit weiten Schritten durch den Raum, beide Hände gekreuzt über den Rücken gelegt. Er bot Otto Heinrich einen Platz neben seinem Schreibtisch und eine Pfeife Tabak an, lächelte dem Jüngling zu und klappte das dicke Hauptbuch mit einem dumpfen Knall zu.

»Mein lieber Kummer«, sagte er in einer ihm fremden, fast leutseligen Art und setzte sich ihm gegenüber in den breiten Lehnsessel, »seit Wochen sind Sie nun Geselle in meiner Apotheke. Es sollte eine Probezeit sein, sie ist nun überstanden, und wir können ernsthaft von der Zukunft sprechen. Ich bin – doch werden Sie nicht stolz, junger Mann – leidlich mit Ihnen zufrieden. Ich sage leidlich, das bedeutet viel. Kurz, lieber Kummer – ich stelle Sie bei mir nicht als Geselle, sondern als meinen Hauptprovisor ein. – Sie sind doch einverstanden?«

»Als Hauptprovisor?« Otto Heinrich Kummer sah Herrn Knackfuß mit jener Ungläubigkeit an, als habe er die Worte falsch verstanden. Dann aber, als der Apotheker ihm ermunternd zunickte, sprang er auf, ergriff in einer Aufwallung freudigen Dankes die Hand seines Prinzipals und rief: »Sie haben Vertrauen zu mir – möge das Schicksal fügen, daß ich Sie nie, nie enttäusche.«

Doch so plötzlich, wie der Überschwang seiner Jugend ihn danken ließ, trat er einen kurzen Schritt zurück und senkte ein wenig betreten den Kopf.

»Sie setzen mich, den Jüngsten, über alle in der Apotheke«, sagte Otto Heinrich leise. »Ich weiß nicht, Herr Knackfuß... Ihre Handlung mag gerecht sein. Sie haben Ihre Gründe, bestimmt haben Sie sie... Ich wagte nicht, in die Entscheidung einzugreifen, wenn nicht... wie soll ich sagen... verzeihen Sie, wenn ich es erwähne...« Er stockte einen Augenblick und sagte es dann klar heraus: »Die Beförderung stände Herrn Bendler als dem Älteren eher zu als mir.« Und als ob er den Freund vor einem Angriff schützen müßte, fügte er schnell und treuherzig hinzu: »Er ist ein wirklich guter Apotheker, der Willi Bendler...«

Eine scharfe Unmutsfalte zuckte für einen Augenblick über die Stirne Knackfuß'.

»Er ist ein Frevler gegen Ordnung und Moral. Ich wünsche keine Worte mehr darüber! – Sie nehmen an?«

»Ja.«

»Rückwirkend auf den 1. Dezember.«

»Wie Sie wünschen, Herr Prinzipal.«

»Sie ziehen damit auch aus Ihrer Kammer und bewohnen ein neues Zimmer im zweiten Stockwerk.«

Otto Heinrich zuckte auf. Er sollte von Bendler getrennt werden, von ihm, der sich an ihn klammerte in seiner Sehnsucht nach einem Menschen und der in seinem nagenden Haß auf das Bürgertum auch für Otto Heinrich unbewußt zur Stütze seiner Hoffnungen wurde? Getrennt von einem Freund, der einen Menschen in dieser Einsamkeit brauchte, vor dem er sich ausschreien konnte und der mit ihm empfand, daß draußen sich das Leben täglich änderte und formte, daß Geister revoltieren und neue Werte aus der Urkraft in die Völker strömten und daß sie hier in dieser bürgerlichen Stille, in diesem engen Kreis verstaubter Etiketten zu Mumien und Puppen ohne eigenen Willen wurden!

»Ich bitte, in der Kammer bleiben zu dürfen«, sagte Otto Heinrich leise, aber fest. »Ich habe einen Freund gefunden, den ich nicht verlassen möchte.«

Mit einem kurzen, scharfen Ruck seines vertrocknet wirkenden Kopfes blickte der Apotheker zu dem Jüngling empor.

»Es geht nicht um Freundschaften«, antwortete er hart, während durch die Haut seines Gesichtes ein gelber Schimmer flog. »Es geht um die Distance. Was wäre das Leben ohne Ehrfurcht?! Was wäre die Ehrfurcht ohne das Bewußtsein des menschlichen Unterschiedes?! – Was reden wir! Meine Tochter richtet das Zimmer bereits her!«

»Eine Freundschaft überwindet den Dünkel eines Standes. Die Herzen finden sich nicht in der Enge der

Klassen, sondern in der Weite der Erkenntnis vom Wert des Menschen. – Ich muß die Jungfer Trudel bitten, ihre Bemühungen einzustellen und meinen Dank zu nehmen.«

Das Gesicht des Apothekers wurde kantig. Nervös zuckten die Wimpern über den starren Augen. Und plötzlich schlug er mit der Faust auf den Tisch und schrie:

»In welchem Tone sprechen Sie mit mir!? – Sie beziehen das Zimmer! Kein Wort mehr! In meinem Hause, über das Gesinde und die Angestellten bin ich der Herr!«

»Sie mögen es sein«, sagte der Jüngling mit ruhiger, aber in der zurückgedrängten Erregung gepreßter Stimme. »Sie vergessen aber, daß ich keine Anlagen besitze, ein Sklave zu sein. Ich habe ein Eigenleben, das ich mit allen Mitteln verteidige, ich habe ein Recht, über mich selbst zu verfügen, ich habe auch die Kraft, meine Wünsche an das Leben durchzusetzen. Ich liebe die Freiheit des Geistes und der Person.« Und mit lauter Stimme schrie er dem zurückprallenden Knackfuß ins Gesicht: »Die Freiheit aber ist das letzte, was Sie mir stehlen können.«

Schwer atmend standen sich die Männer gegenüber.

Eine Welt lag zwischen ihnen.

»Ich werde Ihrem Vater schreiben«, zischte der Prinzipal durch die aufeinandergepreßten Lippen, die wie ein Strich sein Gesicht durchschnitten. »Ich werde Sie züchtigen lassen, bis Sie sich bei mir entschuldigen. – Gehen Sie! Ich will Sie heute nicht in meinem Hause sehen! Das andere findet sich...«

Mit einer scharfen Wendung drehte sich Otto Heinrich um und ging hinaus.

Laut krachend fiel die Tür ins Schloß. Auf dem Gang entfernten sich seine Schritte.

Sie klangen ruhig, fest und siegesfroh.

Ein Mensch hatte sich gefunden. Er hatte gespürt, wie die Fesseln rissen und sich von seinem Herzen lösten.

Die Freiheit lag vor ihm, der Weg ins kalte, unbekannte, ferne Nichts...

Die große Hoffnung Otto Heinrichs, frei zu sein und in das weite Leben hinauszustoßen, wurde am Abend dieses schicksalhaften Tages jäh zerstört. Zwar beachtete ihn der Prinzipal am Tische nicht und sah durch ihn hindurch, doch verkündete er den aufhorchenden Gesellen und dem mit weit offenem Munde von Kummer zu Knackfuß starrenden Bendler, daß mit dem heutigen Tage der Kollege Otto Heinrich Kummer als Hauptprovisor anzusehen sei und er – der Prinzipal – die nötige Achtung von jedem in der Apotheke fordere.

Sonst nichts. Das Abendessen wurde in stiller Hast genommen, manch schräger Blick traf das gesenkte Haupt des neuen Vorgesetzten, und nur der Riese Bendler belebte mit seiner lauten Stimme hie und da die Tafel, wenn er, mit einem Blick auf Jungfer Trudel, ein Anekdötchen aus dem Leben in der Apotheke preisgab.

Knackfuß aß langsam, stumm, zusammengeduckt auf seinem Stuhl. Mitten im Essen schob er den Teller plötzlich von sich fort, stand auf, schob seinen Stuhl unwirsch zur Seite, nickte kurz und stampfte aus dem Zimmer in das von allen ängstlich gemiedene Kontor.

Ein dumpfes Schweigen blieb am Tisch zurück.

Nur Willi Bendler wechselte seinen Platz, setzte sich neben Otto Heinrich und stieß ihn mit dem Ellbogen leicht in die Seite.

»Dicke Luft, was? Der Alte merkt, daß sich die Jugend an das Licht drängt! – Mensch, Otto Heinrich – Provisor –, rechte Hand des Geiers… das ist dem Alten schwergefallen und nagt an seiner Würde. Daß er's getan hat, ist das neue Rätsel von Frankenberg!« Er lachte leise und beugte sich zu dem Freunde hinüber. »Du hast Glück, lieber Junge, ich gönne es dir. Doch merke dir – der Alte gab dir heute seine rechte Hand – und mit der linken schlägt er dich zu Boden…«

Mit einem Satze sprang Otto Heinrich auf, legte dem Freunde kurz die Hand auf die Schulter und eilte dann aus dem Zimmer.

Die Hände tief in die Taschen vergraben, wanderte er mit verhaltenen Schritten durch den weiten Garten hinter dem Haus, ob das Haupt, damit der kalte Wind in seinen Locken spiele und die heiße Stirn kühle, und schob mit den Spitzen seiner Lackschuhe den Schnee als kleine Hügel vor sich her, ehe er sie mit einem kräftigen Schwung des Beines zerstäubte.

Vorbei an den tief im Schnee vermummten Zwergtannen wanderte Otto Heinrich, den Kopf tief gesenkt.

Plötzlich stand er vor der Laube, deren Dach ein hoher Schneehut zierte. Mit einem leisen Frösteln trat er ein, verwundert, daß die Kälte in dem engen Raume nachließ, und setzte sich, indem er den Kragen seines Rockes hochschlug, auf die Holzbank hinter dem vermorschten Tisch.

Ein fades Halbdunkel klebte in der Laube. Von draußen leuchtete schwach der Schnee. Da schloß der Jüngling die Augen, lehnte sich zurück, legte den Kopf weit in den Nacken und ballte die in der Tasche vergrabenen Hände zur Faust.

O diese Einsamkeit... diese sanfte Stille. Wie schön war sie, und doch, wie grausam stach sie in das Herz, das sich Leben, Glück und einen Hauch von Liebe wünschte.

Der Einsame in seiner zugeschneiten Laube fror. Ein Zittern rieselte durch seinen Körper.

Plötzlich zuckte er auf und richtete sich im Sitzen hoch.

Ein leichter, im Schnee knirschender Schritt näherte sich der Hütte. Eine Hand tastete nach der Klinke, leise knarrend schwang die Tür auf, und ein schmaler Schatten huschte in den engen, dunklen Raum.

Otto Heinrich hielt den Atem an und rührte sich nicht.

Doch auch der Schatten, im Dunkel verschwommen, trat nicht näher, sondern verharrte in einer Ecke des Zimmers.

»Ist jemand hier?« fragte der Apotheker nach einer langen Weile des Schweigens und Wartens.

»Ich wußte, daß Sie hier sind«, antwortete leise eine helle, klingende Stimme, die Otto Heinrich emporzucken ließ und ihm die Worte von den Lippen nahm. Bebend strich er sich mit den halberstarrten Händen über das Haar, versuchte stotternd einen neuen Anfang und murmelte dann nur in fassungslosem Staunen:

»Jungfer Trudel...?«

Das Rauschen eines Mantels klang kurz auf, dann faßte seine Hand warme, zarte Mädchenfinger, und aus dem Dunst von Dunkelheit tauchte das Antlitz

Trudels unter einer Mütze aus dickem Pelze auf. Ein paar blonde Locken ringelten sich unter ihrem Rand hervor, während ihre großen Augen traurig und verweint auf den Jüngling blickten.

»Ich weiß, daß Sie allein sind, daß Sie Sehnsucht haben nach einem Leben, das Sie gar nicht kennen und das Sie nur aus Büchern und idealen Schilderungen lieben. – Ich möchte Ihnen helfen, Otto Heinrich...«

Der junge Apotheker sah zu Boden, löste seine Hand aus ihren wärmenden Fingern und trat einen halben Schritt zurück. Wie um Halt zu suchen, lehnte er sich mit dem Rücken an die Holzwand der Laube und schob die Hände wieder in die Tasche.

»Es ist nicht gut, daß Sie gekommen sind. Wenn es der Prinzipal erfährt, beginnt für Sie und mich die Hölle.«

»Mein Vater ist nicht schlecht«, sagte das Mädchen leise. »Er ist verbittert...«

»Er ist herrisch, hart, voll Dünkel und voll Unrecht...«, unterbrach sie Otto Heinrich.

Das Mädchen schüttelte den schmalen Kopf, und eine Träne glitzerte in ihren halbverschlossenen Augen.

»Mein Vater lernte früh, wie hart das Schicksal ist. Ich war zwei Jahre alt, als er die Frau verlor... verlor an einen fahrenden Komödianten, der sie mitnahm in die lockende Ferne. Diese Frau war meine Mutter.«

»Aber ihr Vater...« Der Jüngling stockte erschreckt über die Offenbarung des Mädchens. »Ihr Vater sagte doch, daß Ihre Mutter starb, als Sie...«

»Sie starb für ihn. Ihr Weggang war für ihn ihr Tod! Seit dieser Stunde haßt er alle Künstler, alle Sehnsucht nach der Weite, nach dem heißen Leben. Er kennt nur Pflicht und Arbeit, Ehre und Besinnung auf das Muß –

er lebt in einer Höhle wie ein Eremit.« Und leicht, mit einer zärtlichen Bewegung, legte ihm das Mädchen ihre Hand auf seinen Arm und sagte leise: »Auch er ist einsam in der Welt, die er sich schuf – ein Mensch, der lebt, weil jeder andere Gedanke Sünde ist…«

Sie schwieg, und auch der Jüngling fühlte, daß diese Stille eine Brücke in das Schicksal wurde. Langsam hob er den Arm, legte ihn dem Mädchen auf die Schulter und zog es nahe zu sich heran. Willenlos folgte es dem Drucke seines Armes und sah ihm mit großen Augen ins Gesicht.

»Das wußte ich nicht«, sagte Otto Heinrich nach langer Pause. »Ich danke Ihnen, Jungfer Trudel –« Er stockte und blickte über sie hinweg in den matt schimmernden Schnee hinaus. »Wenn Sie mir helfen wollen, so habe ich nur ein Bitte. Lassen Sie mich allein in meiner Einsamkeit…«

Das Mädchen schüttelte den Kopf.

»Sie sagten einst zu mir: Leben ist eine Aufgabe, nicht das Aufgeben des Ichs. Ich habe es behalten… jeden Satz… ich habe sie gesammelt und mir täglich vorgesagt und wußte dann bei jedem Wort, wie ich es heilen könnte; denn Ihre Worte waren krank, gebrochen, fiebrig… und so arm, daß mir die Tränen kamen. Sagten Sie nicht damals, daß das Leben eine Mission sei, den Menschen von Leben zu Leben zu veredeln…?«

»Auch das haben Sie behalten?«

»Alles, Otto Heinrich Kummer! – Veredeln, sagten Sie. Wie kann ein Mensch den Adel seiner Menschlichkeit erkennen, wenn er die Einsamkeit anbetet und die Menschen flieht? Am Menschen selbst nur wird der Mensch gesunden… das sagt mir mein Gefühl, nicht, wie Sie sagten, eine Logik.«

Der Jüngling sah in ihre Augen und streichelte dann mit seinen kaltgefrorenen Händen über ihre frostgeröteten Wangen.

»Gott segne dieses Gefühl. Es wäre herrlich, in der Liebe zu gesunden...«

»Sie sehen dieses Leben falsch«, flüsterte das Mädchen. »Sie sitzen nachts in einer zugeschneiten Laube und träumen von der Herrlichkeit des Lebens. Und draußen jubelt unterdessen diese Herrlichkeit aus allen Augen, allen Herzen, allen Mündern, geht draußen eine Schönheit dieses Lebens nach der anderen für Sie verloren, weil Sie in Ihrer Einsamkeit von etwas träumen, was Sie wünschen, während der Wunsch nur auf Sie wartet, daß Sie kommen. Wie bequem ist das, den Weltschmerz vor sich herzutragen!«

»Sie reden ungerecht...«

»Ich rede, wie ich fühle! Da draußen liegt der Schnee! Warum nehmen Sie nicht eine warme Hand und gehen in die Wälder? Da ächzen die Stämme, und Hase, Fuchs und Schneehuhn huschen durch das stäubende Weiß. Da lebt das Leben weiter unter einem Leichentuch, da spüren Sie den Atem ewig neuer Kraft! – Und auf den Bergen, wenn der Nordwind weht, wenn hoch am Himmel sich die Wolken jagen... da sehen Sie die Macht des Lebens. Gehn Sie hinunter in die Straßen! Blicken Sie nur einmal in die großen, sehnsuchtsoffenen Kinderaugen, wenn sie die bunten Sachen in den Läden sehen und an das Christfest denken mit dem Lichterbaum. Da sehen Sie Ihr Urteil in den Augen dieser Kinder, das Urteil über Ihre Einsamkeit, in der Sie sich gefallen wie ein eitler Fratz! Ja, gehen Sie zurück zu Ihrer Kindheit, lernen Sie noch einmal, kleinste Dinge wie ein Wunder zu betrachten. Glauben Sie denn nicht, daß man den Menschen heilen kann, indem man ihn zurückführt in das Märchenland der Kinder?«

Der Jüngling sah zu Boden.

»Sie sprechen hart«, murmelte er. »Hart... aber fern... so fern...«

»Sie stehen fern, weil Sie in Träumen gaukeln und die Umwelt nicht erkennen! Dort draußen schneit es – waren Sie schon einmal auf der Rodelbahn?«

»Als Kind.«

»Nein, hier? Sie schütteln Ihren Kopf und können mir nicht sagen, warum Sie es verpaßten. Sie kennen doch die Eisbahn unten auf dem See?«

Der Jüngling schüttelte den Kopf und wandte sich ein wenig ab.

»Nicht? Nach der Schanze wagte ich Sie nicht zu fragen. Warum auch Rodelbahn, Eislauf und Schanze? Warum auch Musik, lachende Gesichter, Frohsinn und Lebensfreude?! Man ist ja einsam, ein Philosoph des Weltschmerzes, der Verneinung, des verkannten Ichs! Warum denn Frohsinn suchen, wo man weiß, daß alles nur ein Schein ist und das Leben im Grunde schlecht und faul und sinnlos... Sie Narr! Sie Narr, Otto Heinrich Kummer... Sie... Sie... Mörder an der eigenen Seele...«

»Schweigen Sie!« schrie da der Jüngling auf und preßte die Handflächen an seine Ohren, während ein Zittern durch seinen schmächtigen Körper flog. »Warum quälen Sie mich? Sie sind so grausam, so kalt, so erschütternd wie der Tod...«

»Und es ist nur die Wahrheit...«, sagte das Mädchen leise.

Da blickte Otto Heinrich auf und sah in ihren Augen eine Bitte und eine jagende Angst, und er lächelte, nickte, strich ihr über die Wangen und zog sie nahe zu sich heran.

»Trudel«, sagte er sanft, während sie in seinen Händen bebte. »Trudel... gib mir einen Kuß...«

Da stellte sie sich auf die Zehenspitzen, spitzte die Lippen, schloß mit einem Lächeln in den Augen, duldete es, daß sie sein Arm umfing, und empfing den Druck seiner eisigen Lippen mit dem Schauer, den das erste Erlebnis durch den wartenden Körper jagt.

Als sie sich aus seinen Armen löste, war ihr Herz schwer von Jubel, Glück und dem Bewußtsein einer großen, schweren Pflicht.

»Was soll nun werden?« fragte Otto Heinrich leise und ging zur Tür. Er starrte in die vom Himmel herabtanzenden Flocken, streckte die Hand hinaus und fing einige Kristalle auf. »Sie schmelzen nicht in meiner Hand«, lächelte er und zeigte Trudel seine frostigen Finger. »Es ist so kalt in dieser Welt...«

»Ich will dir eine Sonne sein«, sagte das Mädchen schlicht, und das hohe Wort verlor alles Pathos und wurde ein Schwur, der sie verband. »Du sollst im Frühling wieder Blumen blühen sehen. Liebster... diese Welt ist schön, wenn man ein Auge hat, sie ganz zu sehen...«

Sie küßten sich. Es waren scheue Küsse, kindlich noch und huschend, doch süßer, als kein Kuß mehr sein kann.

»Wir müssen ins Haus«, sagte der Jüngling nach einer Weile gemeinsamen stummen Sinnens, in der ein jeder seine Wünsche baute zu einem stolzen Schloß, in dem sich herrlich leben ließ. »Die Glocke muß schon elf geschlagen haben. Dein Vater könnte dich vermissen.«

»Er schläft schon. Du aber frierst und mußt ins Warme. Daß ich daran nicht dachte. So ohne Mantel in der Kälte... Liebster, Liebster...« Sie drohte lächelnd. »Ich muß dich nächstens überwachen, wenn du ausgehst.«

»Tue es. Ich will auf deine Worte hören, wie ein Kind.« Und leise fügte er hinzu: »Du bist ein herrliches, ein schönes Mädchen...«

Wieder errötete sie leicht und wandte sich ein wenig zur Seite. Verlegen schabte sie ein wenig hereingewehten Schnee mit der Schuhspitze von der Schwelle in den Garten.

»Wir müssen, bis der Vater seine Ansicht ändert, fremd vor den Augen aller Leute sein, fremd wie bisher«, sagte sie nach einer Weile. »Nur abends und in seltenen Stunden auch am Tage, irgendwo, wo wir uns finden, gehören wir nur uns und unserer Zukunft. Wir sind ja noch so jung...«

»So jung und doch vom Leben so geschlagen...«

»Liebster, sprich nicht wieder so. Es soll ja alles licht und frei, so schön und glücklich um dich werden. Habe doch Geduld, vielleicht nur noch wenige Wochen.«

»Ich habe ja Geduld«, flüsterte Otto Heinrich an ihrem Ohr und nahm die Pelzkappe von ihren Haaren, küßte die schweren, blonden Flechten und drückte dann den schmalen Kopf an seine Brust. »Du sollst nicht klagen über mich. Du sollst mich nur noch lieben...«

»Ich hab' dich lieb«, flüsterte sie und schloß die Augen. »So lieb...« Und plötzlich blickte sie zu ihm empor und flehte: »Und zu dem Vater sei nicht böse... bitte, bitte... auch, wenn er schimpft. Er meint es nicht so. Er ist so einsam und zerrissen, so verbittert und verlassen... wie du.«

Der Jüngling nickte. »Hab' keine Angst. Und bitte, geh jetzt. Ich komme nach... man könnte uns belauschen und verraten...«

Noch einmal küßten sie sich, dann eilte Trudel aus der Laube, huschte den Weg hinab und nickte im Laufen einmal kurz zurück. Der Jüngling sah ihr nach, bis ihr wehender Mantel und die flatternden, blonden Haare sich in dem Vorhang rieselnder Flocken auflösten und der lautlose Fall des Schnees ihre Spuren verwischte.

Dann trat er aus der Laube, preßte den Kragen seines Rockes fest an den Nacken und eilte mit langen Schritten dem dunklen Hause zu.

Als Otto Heinrich am nächsten Morgen in seiner kleinen Kammer erwachte und ein langfadiger Dezemberregen gegen die klappernden Schindeln des Daches und das schmale, halbblinde Lukenfenster perlte, fand er das Bett Willi Bendlers schon verlassen, die Decken säuberlich gefaltet und hergerichtet. Die mit neuem Wasser gefüllte Waschschüssel war in die Nähe von Kummers Liegestatt auf einem hölzernen Hocker gerückt, das Rollhandtuch war von der Stange auf dem engen Flur abgenommen und gefaltet neben das Seifenschälchen gelegt, und sogar die kleine Vase mit ein paar bunten Strohblumen, die Bendler einmal von der Jungfer Trudel aus den unteren Räumen zugesteckt erhielt, stand auf dem Hocker – wie ein Gruß!

Mit einem unerklärlichen Gefühl der Angst erhob sich Kummer und ging zum Bette Bendlers, auf dessen Kopfkeil er jetzt ein zusammengefaltetes Papier sah.

Ein rasendes Herzklopfen erstickte plötzlich den Atem des Provisors. Ein leeres Bett, ein Brief auf der Decke und draußen ein grauer, regnender Winterhimmel, der den Schnee von gestern erweichte, zusammenschmelzen ließ zu einer laufenden, breiigen Masse, zu Schlamm und kaltem, grauem Morast... mein Gott... Willi Bendler... Bendler... das ist doch nicht möglich...!

Otto Heinrichs Hand griff nach dem Brief, dann zuckte er zurück und ließ das Papier liegen. Die immer schwerer werdende Angst schnürte die Kehle zu.

»Mein Gott... das kann doch nicht sein!« stammelte Kummer und starrte auf den weißen Brief. Zögernd trat er wieder auf das Bett zu, nahm mit einem tiefen Atemzug das Papier von der Decke, zögerte wieder und entfaltete es dann entschlossen mit schnellen, überhastigen Griffen.

»Mein lieber Otto Heinrich«, las er, dann verschwammen die Buchstaben einen Augenblick vor seinen Augen, er setzte sich auf Bendlers Bett und starrte vor sich auf den Bretterboden. Nach einer langen Pause erst nahm er den Brief wieder auf und begann ihn langsam zu lesen.

»Das Leben ist wie der Stall des Augias, für den sich kein Herakles findet«, stand da in Bendlers klotziger Schrift. »Ich aber bin kein Mensch, der in der Stille sitzt und zusieht, wie der Kot sich häuft und höher, immer höher steigt, bis er den Mund erreicht und wir an unserem eigenen Dreck ersticken. Ich muß hinaus, ich bin ein Raubtier, das die Freiheit kennt und in den Käfigen der allgemeinen Sitte zur Flöte bürgerlicher Angstmoral tanzen und feixen muß. Ich liebe Menschentum, wenn es sich dehnt und seine Kräfte kennt und segenbringend nutzt. Ich liebe dieses Leben, wenn es den Zweck ergreift, den Menschen zu veredeln und zu heben. Ich liebe alles, was mich Mensch sein läßt in einer

Freiheit, wo die Kräfte spielen und die Wahrheit mehr ist als ein Anstandswort des bürgerlichen Katechismus. Und darum gehe ich! Nenn' mich jetzt untreu, unmoralisch, einen Schuft – einst wirst Du sehen, daß es mehr gibt als die Pflicht von Mann zu Mann – die Pflicht zum Leben und die Verantwortung vor unserem Menschentum. – Verzeih, wenn ich so gehe. Ich wollte Dich nicht sprechen, weil ich dann nicht hätte gehen können. Nun bist Du einsam – ist die Einsamkeit zu groß, so komm zu mir. Ich bin Dir stets ein Freund. Du findest mich überall, wo sich das Neue Bahn bricht. Leb wohl, ich weiß, daß Du einst kommst. Wir dürfen unser Leben nicht erträumen – wir müssen es entdecken und erobern. Immer.

Dein Willi Bendler.«

Und ganz am Rande stand, eiligst hingeworfen, ein Satz, der so voll Willi Bendler war, daß Otto Heinrich trotz der Bestürzung seines Herzens lächeln mußte:

»Dem Prinzipal gib als meinen letzten Gruß das schöne Drama unseres Goethe ›Götz von Berlichingen‹. Er wird die Stelle kennen, die ich ihm zum Abschied sage – zum Gurgeln hinterher empfehle ich dann Salbeitee…«

Allein in einer schmalen Kammer unter klappernden Ziegeln, im Hause ein Mann, der einen haßte mit aller Glut und Inbrunst, die in den Hirnen aufgescheuchter Eremiten spukt, ein Mädchen, das man liebt und küßt und das auf ihrer Seele noch den Glanz der Unschuld trägt und das so weit ist, unerreichbar, sternenhaft nur wünschenswert, weil dieses Leben Schranken setzt und die Vernunft in Hohn verwandelt. O wie grausam, wie ekelhaft, wie sinnlos ist doch das Leben…

Otto Heinrich Kummer stöhnte zwischen den Händen, mit denen er seinen Kopf hielt. Er ahnte plötzlich, wie nahe der Wahnsinn bei der Wahrheit liegt. Er zitterte bei dem Gedanken, zu leben, um stündlich, von Minute zu Minute, im Ticken des Sekundenzeigers, diesem abscheulichen, erbarmungslosen, perversen Ticken der Uhr, sich dem Grabe zu nähern und am Ende des Wanderns zu sehen: das Leben war schön, aber jetzt, wo der Sprung ins Dunkel, ins ewige Vergehen, in das Ausgelöschtsein beginnt, sinnlos in seiner Hast und seinen Idealen, denn was sind 60 oder 70 oder 80 Jahre, wenn das Dunkel kommt und kein Erinnern, kein Beschauen seines Lebens?! Warum sich quälen, wenn der Lohn der Qual das Nichts ist?

Otto Heinrich Kummer bedeckte die Augen mit den Händen und warf sich auf das Bett des Freundes, das Gesicht in die Decken gepreßt. So lag er eine lange Zeit, bis er sich mühsam aufrichtete, den Brief faltete und an das kleine Lukenfenster trat.

»Man könnte sich vom Dache in den Garten fallen lassen«, dachte er schaudernd und wandte sich ab, wusch sich, kleidete sich an, richtete das Bett, lüftete das Zimmer, alles mit seelenlosen, mechanischen Griffen. Dann steckte er den Brief Bendlers in die Rocktasche, ging die steile, knarrende Treppe hinunter, öffnete die Tür zum Vorderhaus, ging den teppichbelegten Flur entlang, blickte auf halbem Wege in den breiten Trumeau-Spiegel, neben dem zu beiden Seiten Jagdtrophäen verstaubten, und zögerte erst vor der Tür des Wohnzimmers des Prinzipals.

Ein leichter Schritt auf dem Teppich ließ ihn herumfahren.

Trudel schlüpfte aus der Küche, gab ihm einen schnellen Kuß und flüsterte mit einem Blick auf die Zimmertür:

»Der Vater ist wütend! Bendler hat den Laden nicht aufgeschlossen und die Decken vom Schaufenster genommen. Die Gesellen standen vor der Tür und konnten nicht herein. Man dachte in der Stadt schon, es sei etwas geschehen. Und auch du warst nicht da und kommst erst jetzt! Der Vater schiebt die Schuld dir zu: du seiest als Provisor sein Stellvertreter. Er wird schimpfen.« Und plötzlich zuckte die Angst durch ihren Blick. »Denk an gestern nacht, Liebster. Nimm es dem Vater nicht übel. Schweige, ertrage es... es geht vorüber. Denk an uns. Du weißt ja, was mit Vater ist... nicht wahr... du denkst daran?«

Otto Heinrich würgte es in der Kehle. Er nickte, strich ihr über die blonden Flechten, knickte den Zeigefinger und klopfte hart an die Tür.

Ein lautes, herrisches, zorniges »Herein!« tönte durch das Holz. Schnell verschwand Trudel in der Küche.

Mit einem Ruck öffnete Otto Heinrich die Tür und trat ein.

Am Tisch saß zornrot der Prinzipal und hob die Hand.

»Herr Kummer... ich...«

Doch eine Armbewegung Kummers ließ ihn schweigen. Stumm sahen sich die Männer an. Dann sagte Otto Heinrich:

»Willi Bendler ist heute nacht geflüchtet – in die Freiheit!«

Dann drehte er sich brüsk um und verließ den Raum.

Starr sah ihm der Apotheker nach, ungläubig, erschreckt, sprachlos.

Und er starrte noch immer auf die geschlossene Tür, als unten im Laden das Leben begann.

2

Kurz vor Weihnachten, es mag Freitag, der 12. Dezember 1834 gewesen sein, brachte der Postmeistergeselle von Frankenberg einen versiegelten Brief, der mit der Abendpost gekommen war, in das Haus der Apotheker und wurde von dem seit der Flucht Bendlers merklich in sich gekehrten Knackfuß in die Bodenkammer Otto Heinrichs verwiesen.

»Ein Brief für den Herrn Provisor«, sagte der Geselle, als er ins Zimmer trat und den jungen Apotheker lesend und auf der Decke des Bettes liegend antraf. »Ein Brief aus Dresden…«

»Aus Dresden?« Mit einem Satz sprang Otto Heinrich auf und trat dem Boten entgegen, die Arme weit ausgestreckt. »Aus Dresden einen Brief! Welch ein Wunder! Er kommt von meinem Vater Gotthelf Kummer?«

Der Geselle drehte die Siegel vor den Augen und schüttelte den Kopf.

»Es scheint nicht so. Der Herr Absender nennt sich A. von Maltitz.«

»Maltitz? Aus Dresden? – Geben Sie her – das wird eine freudige Nachricht!« Er drückte dem Boten einige Kreuzer in die Hand, nahm den schweren Brief und eilte mit ihm zum Tisch. Mit einem »Gute Nacht, Herr Provisor!« verließ der Postmeistergeselle die Stube und tappte die steile Treppe hinab.

In seiner Kammer entzündete Otto Heinrich eine zweite, kleine Tischlampe, um den Brief mit mühelosem Behagen lesen zu können; dann besah er sich eine gute Weile die roten und blauen Siegel mit dem freiherrlichen Wappen derer von Maltitz.

Der Brief war oft gefaltet, von schwerem breitgerilltem Pergamentpapier und eng beschrieben mit einer zierlichen, fast tänzerischen Schrift.

Er glättete ihn mit beiden Handflächen auf der kleinen Tischplatte, schob die Lampe näher heran, sprang noch mal auf und legte zwei dicke Tannenscheite in den Ofen, um nicht durch ein Verglimmen der entfachten Glut gestört zu werden, und setzte sich dann bequem zurecht, den ersten Brief, den er in Frankenberg erhielt, zu lesen.

»Mein liebster Freund –«

Das war das erste, was er las, und eine tiefe Freude durchrann sein Herz, genannt zu werden wie die wenigen Auserwählten, die wirklich einen Freund fürs Leben fanden und nie bereuten, eine Hand vertrauensvoll gedrückt zu haben.

»Mein lieber Freund!

Sie werden sehr erstaunt sein, von einem Manne ein paar Zeilen zu empfangen, den Sie vielleicht schon längst aus dem Gedächtnis strichen, in dem die wenigen Stunden in Augustusburg nur schemenhaft als eine ferne Erinnerung spuken. Und doch möchte ich heute um Ihr Gehör bitten, weil ich die ganze Zeit über das bestimmte Gefühl nicht zu unterdrücken vermochte, in Ihnen einen Menschen gefunden zu haben, den das Schicksal weit über seine Jahre reifte und der nach bürgerlicher Standmoral so vermessen ist, den Blick zu Sternen zu erheben, die fern dem Wissen unserer ›breiten Masse‹ schweben.

Ich grüße Sie aus Dresden. Ein wenig Heimatluft müssen diese Zeilen jetzt in Ihre Stube tragen, denn ich hielt den Brief, bevor ich ihn schloß, an der Elbe an den Wind und tränkte ihn mit der würzigen Schneeluft, die von der Vogelwiese zu mir herüberwehte.

Dresden ist eine herrliche Stadt! Es ist eigentlich ein Garten Eden für das die Schönheit begreifende Künstlerauge, und wenn ich durch den mächtigen Zwinger wandere und vom Flachdache auf den Nymphenbrunnen schaue, so scheint es mir, als habe diese Stadt nur noch in Rom und Paris ihre Konkurrentinnen an Ewigkeit und berückender Glückhaftigkeit.

Sie sind in einem Paradies geboren, junger Freund!

Aber nun, mein Liebster, bitte ich Sie um Haltung und um Bezwingung Ihres Herzens... ich war als Gast bei Ihrem Vater...«

Otto Heinrich ließ das Blatt sinken und schloß die Augen. Ein merkwürdiges, bedrückendes Kribbeln zog über sein Herz, drohte den Schlag zu hemmen und ließ ihn schwer und schneller atmen.

Der Vater...

Er sah seine große, kräftige Gestalt vor sich, den strengen Blick, mit dem er, ohne viel zu sprechen, den großen Hausstand dirigierte. Er sah die Mutter, das wertvolle Spitzenhäubchen auf den angegrauten Haaren, durch die Zimmer gehen, die kleine Schwester Anna Luise an der Hand, den Liebling der Familie, dem man alles verzieh, weil es, ein Kind unter Erwachsenen, die Herzen aufriß mit dem Jauchzer ihrer Kindlichkeit...

Otto Heinrich blickte auf. Die blonde Locke war ihm in die Stirn gefallen, sie pendelte vor seinen Augen und behinderte den Blick. Mit einem Schwung des

Kopfes schleuderte er sie wieder auf sein Haupt und beugte sich dann erneut über den Brief.

»Ihr Vater ist ein vortrefflicher Mann. Da ich abends kam, lud er mich zur Tafel, wo ich Ihre hochverehrte Frau Mutter und Ihre Geschwister kennenlernte. Mit der kleinen Anna Luise habe ich Freundschaft geschlossen... sie sieht Ihnen so ähnlich, nur hat ihr kleines Auge noch den Funken Freude, der sich bei Ihnen tief ins Herz vergrub. Warum nur, liebster Freund? Das Leben ist nichts wert, schon recht – doch muß es halt gelebt werden. Das ist die Kunst: verachten und *doch* lieben!

Was rede ich: Ihr Vater fragte mich, er machte sich um Ihre Zukunft mannigfache Gedanken und scheint mit dem Gedanken sehr befreundet, Sie nach dem Ablauf eines Jahres als Provisor an die Hofapotheke nach Dresden zurückzuholen. Er sprach sehr lobend über Sie – fast schien es Stolz –, und er war beglückt, als ich Sie einen Freund und edlen Menschen nannte.

Meinen Namen kannte er! Auch meine ›Pfefferkörner‹ waren ihm geläufig – er fand sie – eine rege Diskussion kam nach dem Essen auf – ein wenig zu vulgär. Man könnte Scharfes auch mit Zucker mischen, Baldrian mit Honig, Würzfleisch mit Marsala! Ich sagte ihm, daß meine Absicht nicht Beruhigung, sondern Aufruf wäre, daß ich das Volk ergreifen wolle, nicht die dünne Schicht der Aristokratie, daß ich – wie Luther – ihnen auf das Maul schaue (ich sagte wörtlich Maul, das imponierte ihm!) und nicht mit der geschraubten Zunge leere Platitüden drechsle. Er sah das ein, mit vielen bürgerlichen Vorbehalten, für die ich, stäke ich in seiner Haut, Verständnis habe – doch schien ihm meine Art, die Dinge nackt und ohne Illusion zu sehen, zu lebensfeindlich, denn Leben – sagte er – ist nicht der Zweck, den Sinn zu erforschen, sondern sich mit den von Gott gegebenen Dingen zu befreunden und sie zu meistern. – Eine gute Lehre! Aber ich verlange mehr vom Menschen: In meinen Augen ist das Leben Kampf, Kampf um das Ich, für das Ich, wegen des Ichs! Das Leben ist die Essenz einer sich selbst errungenen Moral!«

Otto Heinrich Kummer blickte wieder auf und starrte in die blakende Lampe. Seine Augen schmerzten, er legte die Hände über das Gesicht und lehnte sich zurück.

Leben... hat das Leben eine Moral? Man quält sich sechzig oder siebzig Jahre um Brot und Wasser, man kämpft um dieses Leben, muß ja kämpfen, denn Verhungern ist ein bestialisch harter Tod – und dann kommt aus dem Dunkel ein Schatten an dein Bett, und dieser Schatten spricht und sagt: »Vorbei! Das Leben ist vorbei –! Da staunst du, was? Du kannst's nicht ändern – da hilft dir nichts und niemand, du mußt schon still und brav sein, wenn ich winke. Vorbei, mein Freund – man kann auch sagen: Du mußt sterben. Mußt, hörst du – ob du willst, danach wird nicht gefragt. Man fragte dich ja auch nicht, ob du leben wolltest – warum soll denn das Gehen anders als das Kommen sein?!

Und dann kommt dieser Schatten über dich, erdrückt dich, würgt, erstickt dir deinen Atem, und du bist auch nur noch ein Schatten, der im Nichts zerflattert. Zurück allein bleibt der Gedanke, den das letzte Zucken deines Hirns gebar: Wie sinnlos dieses Leben, wie einsam in der Tiefe dieser Weg von der Geburt bis in den Tod, wie grauenvoll pervers das hochgepriesene Ethos eines für das Nichts vertanen Lebens...

Das einzige, das alles überlebt, ist Kälte.

Unendlich ausgestreute Kälte.

Weltraumkälte...

Nichts...

Otto Heinrich Kummer erschauderte. Die Einsamkeit, die seit der Flucht Bendlers sich um ihn legte, der schroffe Ton des Apothekers Knackfuß, dem die Auseinandersetzung wie eine Nadel in der Seele stak, und die Zurückhaltung Trudels seit diesem Tag, dieses Ausweichen und flehende Blicken, alles wurde in Otto Heinrichs Brust zu einem Berg, dessen Gipfel hoch im Unbegreiflichen schwebte und nur den einen grausamschönen Gedanken erweckte, ihn zu erklettern und sich dann mit einem Lächeln hinabzustürzen in die Unendlichkeit, in das wissende Dunkel.

Mit einem Seufzer nahm Kummer den Brief wieder auf und schraubte die Lampe ein wenig niedriger, weil das unreine Öl einen übelriechenden Qualm abzusondern begann.

»Am nächsten Abend«, las er weiter, »war ich erneut der Gast Ihres liebwerten Vaters. Doch schien er mir im Vergleich zu gestern sehr bedrückt und fahrig, er sprach ohne Zusammenhang, sprunghaft, wie es nicht seine Art ist, er spann die Gedanken nicht zu Ende, bedeckte oft, als befalle ihn Ermüdung, die Augen mit der Hand und schien mir dankbar, als ich mich entschuldigte, eine Besprechung vorgab und ihn verließ.

Das veränderte Wesen Ihres Herrn Vaters schien mir unerklärlich. Eine häusliche Ursache hatte es nicht, denn Ihre Frau Mutter war ebenso entsetzt und ratlos, wie ich es war, und drang vergeblich in den unerklärlich stillen Mann, von dessen Lebhaftigkeit und spru-

delndem Geist nur noch die Funken unter einer fremden Asche schwelgten.

Da der Abend angebrochen war, ging ich in die herrliche Dresdener Oper. Man spielte Mozarts Don Gio-
vanni mit dem göttlichen Tonio Traverna als Don Juan.

Im Foyer des prächtigen Hauses traf ich auf einen alten Bekannten meiner Studierzeit und war erstaunt,
daß er, als das Gespräch auf Sie, mein Freund, kam, Sie
persönlich kannte und mir – ich wollte es nicht glauben – bis zu den Stegen Ihrer grauen Hosen porträtge-
nau beschrieb. Es war der Herr Baron von Seditz.«

Otto Heinrich blickte kurz auf. Seditz? Baron von Seditz? Er suchte in den Fächern der Erinnerung und
fand einen gütig lächelnden Herrn, der ihm auf der
Poststation in Frankenberg – ja, auf der Hinreise war es
– die Hand drückte und alles Gute wünschte. Und den
Vater kannte er, ja, er erinnerte sich genau – er sprach
von seinem Vater und von einer dringlichen Mission...

Das Bild verschwamm, erlosch – und Otto Heinrich
blickte wieder auf den engbeschriebenen Bogen.

»Dieser Herr von Seditz«, schrieb Maltitz, »ist ein
Mann von Welt! Geheimer Kabinettsrat Seiner Majestät
des Königs von Sachsen, verkörpert er so gar nicht die
Spitzenaristokratie einer höfischen Kamarilla, sondern
er machte auf mich eher den Eindruck eines in geregel-
ten Bahnen hineingelebten Lebemannes, eines Menschen, der den Wert des Lebens an den Lippen seiner
Geliebten abliest und nicht müde wird, seine Treue zu
beteuern, obgleich beide wissen, daß alle Worte nur
gesprochen sind, das Glück einer flüchtigen Stunde
nicht zu verfinstern.

Doch hinter seinen Blicken schlägt Tatkraft und ein
harter Wille. Ich spürte ihn, als unser unterhaltsames

Gespräch von Ihnen zu Ihrem Vater überging und mir so vieles klar und plötzlich tragisch wurde, vor dem ich noch vor einer Stunde ratlos stand.

Mein bester Freund, ich bitte Sie um Haltung, die Nachricht mannhaft zu ertragen: über Ihrem Vater liegt der Schatten der Madame de Colombique.«

Madame de Colombique? Otto Heinrich sann, den Kopf in die Hände gestützt. Madame de Colombique? War das nicht die würdige, aufgeregte Dame in der Kutsche, die sich vor den Räubern fürchtete und beim Ausladen ihre Koffer nicht fand? Und der Baron von Seditz... wie war das noch... fuhr er nicht mit, die Dame an der Grenze zu verhaften, weil sie als Spionin... Ja, als Spionin... das war es... Er staunte damals noch und betrachtete die Dame im Halbdunkel der schwankenden Kutsche mit einem Gefühl von abenteuerlichem Interesse!

Aber sein Vater? Madame de Colombique und der Münzmarschall Kummer? Mein Gott, es war nicht auszudenken, wenn die Spionage auch den Vater in die Ketten warf!

Erregt beugte sich Otto Heinrich vor und las weiter:

»Ihr Vater schwebt in einer großen, unverdienten Gefahr! Ihn traf die Ungnade Seiner Majestät, als Sie erfuhr, daß es die Bitte Ihres Vaters war, die der Madame de Colombique einen laissez-passer vom Präfekten erwirkte. Zudem hatte man Ihren Vater beim Hofball oft in der Nähe der Dame gesehen, obwohl es Seine Majestät ablehnte, die Dame vorgestellt zu bekommen.

Es war bestimmt nur das gütige, ahnungslose und redlich denkende Herz Ihres Herrn Vaters, das ihn bewog, der Madame de Colombique seine Gegenwart zu schenken und ihr bei einem Grenzpaß behilflich zu sein. Ich bin auch zutiefst davon überzeugt, daß Ihr Vater bis zur Stunde seiner Ungnade nichts von dem wahren Treiben dieser Dame ahnte, geschweige wußte – doch in den Kreisen des Hofes genügte es, Ihren ehrvollen Herrn Vater in einer lockeren Verbindung zu einer Dame zu sehen, die – wie sich herausstellte – mit den hohen Offizieren fast aller Truppenteile intime Beziehungen unterhielt zu dem Zwecke, militärische Geheimnisse durch den Duft ihres vielleicht reizvollen Boudoirs zu erbeuten. Daß ihr dies in einigen Fällen gelungen ist, mag die Dummheit der betreffenden Offiziere beweisen oder von der Macht eines Frauenkörpers sprechen, der, in Spitzen und seidene Kissen gebettet, Himmel und Hölle zugleich verspricht.

Madame de Colombique, die sich eine Französin nannte, französisch sprach und kleidete, aber eigentlich Vera Veranewski Bulkow heißt, aus Moskau stammt und für den Zaren als Spür- und Schoßhund tätig ist, konnte ins Preußische entkommen – dank des laissez-passer Ihres Vaters.

Hier liegt die große Tragik dieses redlichen, treuen, ahnungslosen, pflichtbewußten Mannes – die Ungnade seiner Majestät ist nur das Rauschen des Vorhangs über den 1. Akt eines Stückes, von dem man noch nicht weiß, ob es eine Tragödie oder nur ein am Ende versöhnendes Schauspiel wird.«

Mit sich steigernder Erregung hatte Otto Heinrich die Zeilen gelesen. Nun warf er das Schreiben auf den Tisch, hieb die Faust darauf, daß die Tranlampe klirrte und blakte und der Glasschirm einen Rußstreifen bekam, und sprang dann auf. Sein Gesicht war unnatürlich gerötet.

Mit großen Schritten ging er in der Kammer hin und her.

Der Vater in Ungnade! Verwickelt in Spionage!

O Vater... Vater... armer Vater... Nun ist die Einsamkeit vollendet bei dir... und mir... den Namen Kummer umweht der Hauch des Moders, des Grabes, des Vergessens... Vielleicht... du unglücklicher Vater... vielleicht verstehst du jetzt den fernen, verstoßenen Sohn Otto Heinrich... Vielleicht spürst du jetzt selbst die Kälte von den Sternen steigen und die Wünsche lauter werden, dort zu sein, wo alle Qualen nichts sind vor der Größe des unbegreiflich Ewigen. Vielleicht erkennt dein Herz jetzt auch den anderen Gott, nicht den, von dem man von der Kanzel spricht, sondern den unbekannten, der in dem Wissen schläft, daß unser Leben nur eine Brücke ist, die von dem einen Dunkel in das andere führt, ein kleiner Weg durch das Bewußtsein, nach dem die köstliche Stille des Unbewußten folgt, des Unaussprechlichen – die Nähe Gottes.

»Vater«, sagte Otto Heinrich leise. »Liebster Vater... wenn ich dir doch helfen könnte...«

Er stand lange Zeit schweigend am Fenster und sah in die Sterne. Erst als es kühl im Zimmer wurde, ging er zum Ofen, blies das verflackernde Feuer an, legte einige trockene Scheite nach und ging zum Tisch zurück.

Vom Turme der nahen Kirche schlug die Zeit. Er machte sich nicht die Mühe, sie zu zählen – es war ja auch gleich... was ist die Zeit... ob heute, morgen oder übermorgen... das Leid der Menschen ist beständiger als der seltene Kerzenschimmer des Glückes...

Langsam nahm Otto Heinrich den Brief vom Tisch und las ihn im Stehen zu Ende.

»Das war es, was ich Ihnen zu melden habe, mein liebster Freund. Seien Sie stark im Gram und Schmerz – die Prüfungen des Lebens sind nie so groß, daß sie untragbar wären; denn wer wie Sie und ich das Leben so unwichtig nimmt, wird nicht vor solchen kleinen menschlichen Leiden in die Knie sinken. Es ist die Lehre der Stoiker, das Leben dem Gleichklang der Natur gleichzusetzen. Sie setzen der Vernunft ein Denkmal in dem Ideal der Selbstbeherrschung. Gott ist die Natur, das Wirkliche ist körperlich, die Kraft ist der edelste und feinste Stoff des Lebens – die Kraft des Ichs. Seien Sie stark, liebster Freund, stark auch im Leid, und helfen Sie Ihrem Vater, indem Sie die Kraft finden, das Wirkliche zu tun: die Türen Ihres Vaters stehen offen.

Ich hoffe, Sie bald zu sehen. Ich bleibe bis zum neuen Jahr in Dresden. Leben Sie wohl, bester Freund, und gedenken Sie in schwerster Stunde der Worte Galileis: Und sie bewegt sich doch! –

In immerwährender Freundschaft

Ihr A. v. Maltitz.«

Unter dem Schreiben stand in einer steilen, energischen Schrift, die sich hart von den Kringeln der Maltitzschen Zeilen abhob, ein kurzer Satz.

»Ich rate Ihnen als Freund: Kommen Sie nach Dresden. Herzlichst von Seditz, Geheimer Kabinettsrat Seiner Majestät des Königs von Sachsen.«

Otto Heinrich ließ das Schreiben auf den Tisch fallen und warf sich auf sein durch eine Decke geschütztes Bett. Er verschränkte die Arme hinter dem Kopf und starrte an die gekalkte Decke, auf die der Schein der Tischlampe einen fantastisch geformten, an den Rändern dunkel ausgefransten Lichtkreis warf.

Nach Dresden, dachte er, nach Dresden.

Weihnachten in Dresden. Spazierengehen im Schnee unter der hohen Kuppel der Frauenkirche. Und am Heiligabend läuten von allen Türmen die Glocken das Halleluja.

Otto Heinrich schloß die Augen und drehte sich zur Seite. Er schämte sich vor sich selbst, daß er weinte, er schalt sich einen Narren, als das Schluchzen seinen Körper schüttelte... aber er schluchzte und weinte wie ein Kind und fühlte unter den Tränen sein Herz freier, weiter und lichter werden.

»Ich komme, Vater«, flüsterte er. »Ich komme zu euch zurück... Wartet auf mich... Ich komme...«

So lag er mit geschlossenen Augen, unter deren Lidern die Tränen hervorquollen, und regte sich nicht. Unmerklich dämmerte er hinüber in die Welt des Traumes, und als die blakende Lampe den letzten Tropfen Öl saugte und flackernd erlosch, schlief er endlich ein.

Otto Heinrich erwachte erst, als die vereinzelten Schneeflocken sich zu einer lautlosen Flut vereinigt hatten, die unaufhörlich niederrieselte und das Städtchen, den Wald und die Berge einwattete. Der fahle Tag, der sich durch den grauüberzogenen Himmel quälte, war schon ein Stück vorübergeschritten, die Turmuhr zitterte mit ihrem Schlag durch das lautlose Gerieseln und verriet, daß es die neunte Stunde sei, und Otto Heinrich, den es in seinen Kleidern auf dem Bett erbärmlich fror, erhob sich vor Kälte zitternd, tappte auf den Flur, wusch sich unter Schütteln in dem schmalen Becken, feuchtete mit Wasser die wirrgelegenen Haare an und bürstete sie dann mit einer kleinen Taschenbürste.

Da es Sonntag war, kleidete er sich um, fuhr in die

graue, enganliegende Hose und den steifen, gefütterten Winterrock aus weinrotem, flandrischem Tuch, suchte einen reinen, steifen Eckenkragen und eine blaugraue breite Halsschleife, legte beide an und besah sich dann in dem niedrigen Spiegel, noch immer etwas verschlafen, übelgelaunt und frierend.

Er zog die Decke des nichtbenutzten Bettes glatt, räumte die Tranlampe zur Seite, faltete den Brief nach einem kurzen Zögern und steckte ihn in den Rock und trat dann auf die Treppe, hinunter zum Frühstückstisch zu gehen.

Von unten, über den Korridor, hallte die helle Stimme von Trudel. Dann klappte eine Tür, und das Haus lag wieder still.

Mit langen Schritten eilte Otto Heinrich die Treppe hinab, durchmaß den Flur mit einigen Sätzen und klopfte dann energisch an die Tür des Speisezimmers.

»Bitte!« ertönte eine harte Stimme als Antwort. Der alte Knackfuß schien übler Laune zu sein. Nichts Neues an ihm, dachte Kummer und drückte die Klinke herunter.

Als er eintraf, sah ihm der Apotheker zuerst erstaunt entgegen – dann sprang er auf, eine leichte Röte durchzuckte sein Gesicht, die Augen wurden gläsern, farblos, schlangenhaft.

»Sie?« sagte er gedehnt. »Ich dachte, Sie wünschen allein zu essen?«

»Mein Vorsatz hat sich nicht geändert«, antwortete Otto Heinrich kühl. »Ich habe lediglich um eine Bitte nachzusuchen.«

»Ich höre.«

»Mein Vater bittet mich, die Feiertage in Dresden zu verleben. Wenn seine Bitte nicht dringlich wäre und familiäre Sorgen eine Sprache sprächen, würde ich mich nicht an Sie gewandt haben. So aber bitte ich um Urlaub über Weihnachten.«

Kummer hatte höflich, aber im bestimmten Ton gesprochen. Dem Apotheker aber, dem Unterwürfigkeit des Personals das Bewußtsein seiner kleinen Macht stets von neuem nährte, gefiel die Sprache nicht. Er runzelte die Stirn, musterte den Provisor vom Kopf bis zu den Schuhen, drehte sich dann schroff um und ging zu seinem Pfeifenständer.

»Urlaub? Kaum gekommen und schon Urlaub?« sagte er über die Schulter hinweg und suchte dabei mit pedantischer Genauigkeit eine hellbraun angerauchte Tonpfeife aus dem Ständer. »Urlaub muß erarbeitet werden, Herr Provisor!«

Otto Heinrich fühlte, wie in ihm eine maßlose Wut aufstieg. Er hätte zu diesem Mann hinstürzen und ihn würgen können, bis sich die gelben Augäpfel verdrehten und das faltige Kinn schlaff herunterfiel. Aber er legte die rechte Hand nur um eine Stuhllehne, preßte sie und antwortete mit leiser, in der Erregung belegter Stimme.

»Herr Prinzipal – ich glaube meine Pflicht bisher erfüllt zu haben! Ich sähe sonst keine Berechtigung, Provisor zu sein, und bitte Sie, den Titel zurückzunehmen!«

Als habe ihn jemand gestochen, so wild fuhr der Apotheker herum und trat auf Otto Heinrich zu.

»Sie!« schrie er, und sein Gesicht wurde gelb. »Sie Lümmel! Ist das der Dank?! Den jüngsten Laffen mache ich zum ersten Mann, den Giftschrank geb' ich ihm – ich dulde, daß er meiner Tochter Blicke zuwirft, die zur Kündigung reichen« – Kummer erbleichte und klammerte sich fester an den Stuhl –, »und da kommt dieser Flegel und sagt mir ins Gesicht, daß ich ein Idiot sei!« Kummer hob die Hand, doch Knackfuß wehrte ihn mit beiden Armen ab. »Schweigen Sie! Ich sage Idiot! Daß Sie es von mir denken, weiß ich schon seit langem! Sie handelten an mir und meinem Hause wie ein Schuft –«

»Herr Knackfuß!« Otto Heinrich bebte und ballte beide Fäuste. »Das nehmen Sie zurück!« Und plötzlich schrie er, daß seine helle Stimme bis auf die Straße flatterte. »Das nehmen Sie zurück – oder… oder… ich fordere Sie!«

»Nichts nehme ich zurück!« Der Alte keuchte, als würde er gleich unter einer schweren Last zusammenbrechen. »Nichts, nichts, gar nichts! Sie sind ein Lümmel, ein Flegel, ein verzogener Laffe, ein Rotzkerl!«

In Otto Heinrich rang die Wut mit der Vernunft. Er trat dicht vor den Apotheker heran, so dicht, daß des Alten Atem über sein Gesicht zog, und sagte leise, aber scharf, daß es Knackfuß wie eine Schneide durch das Herz ging: »Ich könnte Sie zu Boden schlagen! Nur weil Sie im Alter meines Vaters sind, geschieht es nicht –!«

Der Apotheker rang nach Luft. »Mir dies…«, röchelte er. »Mir dies… mir… mir… oh…« Er wankte, perlender Schweiß trat ihm plötzlich auf die Stirn, die gelben Augäpfel verdrehten sich schrecklich, zuckend griffen die Hände ins Leere, der Mund stammelte wirr und unverständlich – dann schwankte der ganze Körper, zitterte in den Gliedern, so wie ein Baum mit allen Ästen bebt, ehe er gefällt zu Boden rauscht, die Beine knickten, ein röchelnder Schrei entrang sich den fahlen, bläulich schimmernden Lippen. »Trudel… Tru…«

Dann sank der Körper um und fiel in die Arme des erschreckten, sprachlos starrenden Otto Heinrich.

Mit aller Kraft schleifte er den schweren Körper auf das Sofa, bettete den Kopf des Bewußtlosen auf die Kissen, lockerte ihm die Halsbinde und lief dann auf den Flur.

»Trudel!« schrie er. »Trudel!« Und als das Mädchen erstaunt aus ihrem Schlafzimmer trat, mit aufgelösten Haaren, die sie gerade kämmte und die das schmale Gesicht nun wie eine Flut goldener Fäden umgaben, schrie er: »Der Vater... schnell, der Vater!«

Mit einem Schrei eilte das Mädchen an ihm vorbei in das Zimmer. Ihr Kleid, das sich in der Klinke verfing, schloß die Tür.

Unschlüssig stand Kummer vor dem Zimmer, aus dem jetzt das laute Weinen Trudels drang und das Klappern von Schüsseln aus der danebenliegenden Küche.

Er wußte nicht, ob er wieder eintreten und helfen oder sich still entfernen sollte. Schließlich, nach längerem Warten, entschloß er sich zu gehen und stieg nachdenklich zu seiner Kammer empor, nahm Mantel und Hut vom Haken und ging dann hinunter in den tiefverschneiten Garten, über dem in dichten Wolken der Schnee vom Himmel tanzte.

Unruhig wanderte er die nur schwach kenntlichen Wege auf und nieder, bis das Gewicht des Schnees auf seinem Hut und seinen Mantelschultern ihn in die Laube trieb. Dort klopfte er die Flocken ab und sah gedankenlos zu, wie die Kristalle durch die Wärme seiner Hände vergingen, kleiner und kleiner wurden, um als winziger grauschmutziger Wasserfleck zu enden.

Dann lehnte er sich an den in die Erde gerammten

Tisch und blickte durch das schmale Hinterfenster in das weiße Gerriesel und in die graue Wolkenwand und fühlte sich eins mit der tötenden Schönheit der winterlichen Natur.

Wie lange er so gestanden hatte, wußte er nicht. Er schreckte erst auf, als eine Hand mit leichtem Druck seine Schulter berührte.

Otto Heinrich blickte sich nicht um. Er wußte, daß es Trudels Hand war, doch er scheute sich, in ihre Augen zu blicken, die von den Tränen gerötet und gedunsen sein mußten. Er hatte sein Versprechen nicht gehalten und kam sich schlecht und elend vor.

»Trudel?« sagte er nur mit leiser Stimme und wunderte sich nicht, daß auf seine Frage keine Antwort kam. Erst nach langem Schweigen sagte sie »Ja« und trat an seine Seite.

»Warum hast du das getan?« fragte sie. Aber die Frage war nicht vorwurfsvoll, traurig, ärgerlich oder hart, sondern weich und streichelnd, als habe sie von einer sehnsuchtsweiten Liebe gesprochen, die nun zu ihr trat und Wirklichkeit des Herzens wurde. Und gerade diese Weichheit des Vorwurfs, dieses liebende Dulden war es, was in Otto Heinrich eine Flamme aufriß, was ihn packte und schüttelte und seine Schuld so furchtbar schwer werden ließ.

Er krampfte die Finger zur Faust und starrte weiter stumm in das Rieseln des Schnees.

»Du hattest mir versprochen, des Vaters Zorn zu schonen«, fuhr Trudel leise fort. »Du weißt, er ist im Herzen gut – und trotzdem triffst du ihn so hart. Otto Heinrich« – das Mädchen stockte und legte zögernd die Hand wieder auf die Schulter Kummers –, »weil du mich liebst, solltest du schweigen.«

»Es ging nicht!« Der Jüngling fuhr herum und preßte die Fäuste an seine Brust. »Wenn du wüßtest, wie er mich quält, tagaus, tagein, stündlich, schon wenn er mich sieht – in der Apotheke, bei Tisch, im Kontor, überall – immer diese spitzen Reden, unberechtigte Schelte, Mißtrauen, Härte, Spott – alle Register menschlicher Quälsucht wendet er an, um mich zu treffen, mich zu erniedrigen, mir zu zeigen, daß ich ein Haufen Unrat bin... Dreck, sagte er einmal – ein Häufchen Dreck sind Sie, auf den die Sonne scheint und mildtätig vergoldet. Das soll ich mir gefallen lassen? Tagelang, wochenlang – vielleicht auch noch Jahre? Immer Qual, immer getreten werden, immer das Bewußtsein: Wenn du jetzt ins Laboratorium trittst, steht er da und brüllt dich an! Brüllt, viehisch, unmensch-lich... Ich ertrage das nicht länger – ich werde noch irr in dieser Luft des Hasses. Ich mache Schluß wie Bend-ler...«

»Liebster...« Trudel sah ihn mit großen Augen an und zitterte. »Liebster... denke doch auch an mich...«

»Ich habe daran gedacht! Vielleicht zu oft, und ich bückte mich vor Tritten, wo ich eigentlich hätte wider-treten müssen! Aber einmal steht auch der stärkste Mensch an seiner Grenze. Da geht es nicht mehr, Tru-del, da mußt du durchbrechen... da bist du wie ein Tier, das man hetzt und hetzt und in der Falle noch quält... da beißt du um dich und vergißt, daß du ein-mal ein Versprechen gabst, das aber unhaltbar ist, so-lange du noch fühlst und Ehre hast!«

Er schwieg einen Augenblick und atmete schwer, vermied es aber noch immer, in Trudels Augen zu schauen.

»Als ich dann vor ihm stand, um Urlaub nach Dresden bat, als er dann meine Arbeit schmähte und mich zum Tollen reizte, da warst du nicht mehr da, nicht mehr in den Gedanken, nicht mehr im Gefühl, nur tief im Herzen – und dort schwiegst du, ergriffen von der Einsamkeit, die du dort fandest. Ich aber schrie meinen Haß und meine Wahrheit dem Peiniger ins Gesicht. Als er dann umsank, war ich zuerst entsetzt, dann rief ich dich... ich fühlte nur den einen Wunsch: Heraus aus dieser Hölle!«

Er schwieg und blickte auf den gefrorenen Boden. Das Mädchen, das ihn bei seiner Beichte unverwandt angesehen hatte, senkte nun den Kopf, bis er auf seinen Schultern lag und die goldgelben Strähnen ihres Haares an seiner Wange und seinem Nacken kitzelten.

Ein leises Schluchzen erschütterte ihren Körper.

»Und kaum, daß er aus seinem Anfall erwachte, ging er ins Kontor und schrieb in das Kassenbuch deine Reisekosten und ein Extragehalt für das Fest ein«, weinte sie leise.

Otto Heinrich fuhr herum und fing das Mädchen auf, das durch den plötzlichen Ruck ins Wanken geraten war. »Was tat er?« stotterte er und schob die Linke unter Trudels Kinn, ihr den Kopf hochhebend. »Er läßt mich nach Dresden fahren?!«

»Er hat eine gute Seele«, schluchzte das Mädchen. »Oh, warum versteht ihr ihn alle nicht und haßt ihn, weil er sich seiner Güte schämt und hart ist?! Und du, gerade du...« Sie weinte auf und verbarg das tränennasse Gesicht in ihren blaurotgefrorenen Händen.

»Wie konnte ich das wissen«, stammelte Otto Heinrich. »Er nannte mich einen Flegel, einen Rotzkerl, einen Schuft...«

»Liebster...«

»Ja, einen Schuft auch! Da konnte ich nicht schweigen, da durfte ich nicht, wenn mir der Name meines Vaters, den ich trage, heilig ist! Ich hätte ihn ermorden können, ich war in diesem Augenblick zu allem fähig, ich... ich... Trudel, ich weiß nicht mehr, was Unrecht oder Recht ist, wenn man liebt und gleichzeitig wie ein Hund gehetzt wird.«

Er blickte aus dem Fenster und drückte das Mädchen fest an seine Brust. Als er spürte, wie sie vor Kälte zitterte, öffnete er seinen Mantel, schlug ihn um den schmalen Mädchenkörper und preßte ihn eng an sich, rieb ihre Hände und hauchte sie an, küßte ihre Wimpern, an denen die leicht gefrorenen Tränen leise knisterten, und drückte dann auch den Kopf an sich, das ganze zarte Geschöpf in seinen weiten Mantel hüllend.

Draußen rieselte unentwegt der Schnee.

Tief eingeschneit lag die Laube inmitten der Tannen, denen die Schneelast die Zweige zur Erde bog. Die Wege waren unkenntlich, eine große, weiße Fläche war der Garten, und nur der fahle Schein, den der Schnee zurückwarf, erhellte die lautlose Nacht.

Die Lichter in den Nachbarhäusern waren längst erloschen. Eine klirrende Kälte kroch in die einsame, zugeschneite Laube.

Eng umschlungen standen die Liebenden.

Sie froren und zitterten.

Doch sie wagten nicht, hinaus durch den Schnee in das Haus zu gehen, denn diese Hütte war ihr Reich, wo niemand von der lauten Welt sie störte und wo die Herzen fühlen durften, was ewig ist und göttlich groß wie das Wunder der weißen, lautlosen Flocken, die sie umspielten.

»Ich habe dich lieb«, sagte Trudel nach langem Schweigen. »Es ist so schwer zu lieben...«

Otto Heinrich streichelte ihr über die eisigen Wangen.

»Frierst du, Liebste? Du sollst nicht zittern, in meinen Armen nicht – nicht vor Frost und nicht vor Angst.« Er preßte sie so fest an sich, daß sie leise aufschrie und nach Atem rang. »Verzeih«, stammelte er. »Alles, was ich mache, ist voll Schmerz und Unrecht. Ich bin ein Mensch, der Unglück bringt und Tränen...«

»Du bist ein großes, großes Kind...«, flüsterte das Mädchen und schmiegte sich in seine Arme. »Ein Kind, Liebster, ungezogen, unüberlegt – und lieb, so lieb...«

Sie küßten sich und schwiegen dann, schauten auf die stummen, tanzenden Flocken, auf die weißen Tannen und die Schatten der Häuser.

Und sie froren nicht mehr... sie waren zu glücklich, um Kälte zu spüren. Unwirklich wurde die Welt, in einem Nebel von Glück versank die Besinnung auf Erde und Mensch... sie waren nur Ich und Du... nur Wir... nur eins im Taumel der Seligkeit...

Doch ihre Körper standen und zitterten vor Frost... standen in einer Laube, deren Dach sich unter der Decke des Schnees bog und die in einer Flut wirbelnder Flocken versank.

Langsam schneite die Laube zu, und der Vorhang des Schnees wurde dichter.

Wie ein Geheimnis dehnte sich die Nacht.

Nur einmal drang ein schwacher Laut in diese Stille. Ein Tannenzweig, plötzlich vom abgerutschten Schnee befreit, schnellte empor.

Doch lautlos, ohne Pause, rieselte der Schnee... tänzelte und schwebte... in dicken Flocken, eng aneinandergereiht... lautlos... ständig... Schnee... endloser Schnee...

Das Weihnachtsfest in Dresden ging schnell vorbei. Otto Heinrich traf das große Haus in der äußeren Rampschen Gasse im festlichen Schmuck an, duftend nach Tannen, frischem Gebäck und gebratenem Fleisch, er fand seine kleine Schwester Anna Luise voll seliger Erwartung auf das kleine Wunder der Weihnacht und den Bruder Johannes Benno gerüstet, eine große und feierliche Hausandacht zu halten, nur der Vater ging bedrückt umher, zwang sich zu einer sauren Fröhlichkeit und bemühte sich nach Kräften, der Mutter nicht das schöne Fest in Galle zu verwandeln.

Als Otto Heinrich in die Halle trat, kam ihm der Vater ernst entgegen. Sie drückten sich die Hand, sahen sich stumm an und nickten sich zu. Es war ein stiller Schwur, zu schweigen und das harte Los mit Stärke und Geduld zu tragen.

Am ersten Tag des Festes, dem abends die Bescherung vorausging und das Glück der kleinen Anna Luise bis zum Bersten füllte, kamen die Gäste ins Haus.

Es waren nur noch wenige. Verfemt, geächtet lag das breit hingelagerte Marienbad im Schnee, und die sonst gastoffenen Türen klapperten nur selten hinter den Mänteln der spärlichen Besucher.

Freiherr von Maltitz kam und gratulierte.

Und Herr von Seditz.

Der Baron von Puttkammer.

Der Ritter von Bruneck.

Und der Maler Caspar David Friedrich.

Der letzte Romantiker. Der Rhapsode des Mondscheins. Der Mystiker des Gefühls – Sucher im Dunkel.

Der Maler C. D. Friedrich, der Freund, der den Münzmarschall nach Rügen begleitete und dort seine berühmten 36 Bilder malte. Der letzte Große, der die Treue hielt, weil er wußte, wie verschlungen die Wege der Wahrheit sind, verschlungen wie die Mischung der Farben, ehe sie den richtigen Glanz erzeugen.

Der stämmige Münzmarschall saß in seinem Sessel am knisternden Kamin und überblickte die kleine Gesellschaft.

»Fünf Gäste«, sagte er gedehnt. »Im vorigen Jahr waren es fast fünfzig!«

»Wieviel du ihnen warst, erkennst du erst heute«, erwiderte Friedrich und nippte an einem Glase voll dampfenden Punsches. »Die Freunde des Glücks sind die Feinde des Unrechts.«

»Die Welt ist schlecht«, sagte der Münzmarschall und starrte in die Flammen.

»Die Welt ist schön«, erwiderte langsam von Maltitz. »Nur die Menschen sind es, die sie zur Hölle machen.«

»Und selbst die Hölle ist schön...«, Herr von Seditz räkelte sich in seinem Sessel. »Sie trennt die Schlacke von dem edlen Metall.«

Dann schwiegen sie und tranken den dampfenden Punsch.

Sie spielten Schach und rauchten holländischen Tabak. Das Dorchen – wie der Hausherr seine Gattin nannte – brachte kurz vor Mitternacht noch Tee, Gebäck und eine Flasche, die man stürmisch feierte und mit lautem Vivat begrüßte.

Tokaier war es, blutrot, dick wie Serum, ölig, schimmernd im Glas wie dunkelster Rubin.

Von Maltitz schnalzte mit der Zunge. Er zog den Propfen aus der Flasche, daß es knallte.

Dann wurde es still am knisternden Kamin – es sprach allein der Wein.

Der Schein der Flammen zuckte über die dunkel getäfelten Wände und die schwere Rautendecke.

Erst weit nach Mitternacht verließen die Gäste gemeinsam das einsame, große Haus in der Rampschen Gasse. Otto Heinrich ging mit ihnen. Caspar David Friedrich und Maltitz hatten ihn untergehakt und sprachen leise auf ihn ein.

Man ging durch den knisternden, verharschten Schnee zur Brühlschen Terrasse. In einem kleinen Weinlokal, nahe der Frauenkirche, war in einem Hinterzimmer schon ein Tisch gedeckt.

Der Wirt stand in der Tür und dienerte.

Was in dieser Nacht besprochen wurde, erfuhr man nie. Es war ein toller Plan, den Münzmarschall zu retten.

Als Otto Heinrich gegen Morgen auf sein Zimmer gehen wollte, traf er den Vater noch im Arbeitszimmer an.

Stumm sahen sie sich an.

Dann sagte Otto Heinrich leise:

»Es geht gut, Vater. Die Zukunft gehört uns…«

Und der Münzmarschall legte seinem Sohn die Hand auf die Schulter, wandte sich dann ab und trat an das verhängte Fenster.

»Ich tat dir manches Unrecht, Otto Heinrich. Ich bin ein alter Mann, verzeihe mir…«

Im Rücken des Marschalls klappte eine Tür. Eilige Schritte entfernten sich. Sie hallten in den weiten Räumen.

Otto Heinrich floh vor seinen Tränen.

Gleich nach dem zweiten Weihnachtstag fuhr Herr von Seditz mit einer königlichen Extrapost nach Berlin zu dem Gesandten Ritter von Bollhagen. Freiherr von Maltitz begab sich in das Großherzogtum Posen nach der Festung Thorn, um die Grenze nach Polen unter den Augen zu haben. Der Ritter von Bruneck dagegen wandte sich nach Kleve und wartete an den niederländischen Schlagbäumchen.

Ein heimliches Kesseltreiben begann. Die Geheimdienste von Sachsen, Preußen, Posen, Schlesien, Westfalen, Hannover, Bayern, Württemberg und Baden bekamen ihre Ordre und das Signalement einer Madame de Colombique, geborene Vera Veranewski Bulkow aus Moskau.

Otto Heinrich Kummer aber feierte in Dresden mit den Eltern und den lachenden Geschwistern das neue Jahr 1835, und als die Glocken Dresdens schallend die erste Stunde einläuteten, die Fenster aufgestoßen wurden und helle Stimmen, jubelnd, weinfroh durch die Schneenacht lachten, saß der Münzmarschall dem einst verbannten Sohne gegenüber und hielt dessen heiße Hände.

»Ich habe nie gewußt, daß Liebe stärker ist als Haß«, sagte er leise.

»Vater…«

Der Alte winkte ab.

»Ich weiß, es gab einst eine Zeit, wo du den Vater haßtest! Wann war das? Es ist lange her…«

»Vater… ich…«

Der Junge stotterte. Er wollte seine Hände an sich ziehen, doch der Vater hielt sie fest und blickte auf die zarten, schmalen Finger.

»Diese Hand schrieb einst: Ich habe keinen Vater

mehr! – Ach, es ist lange her. Ich habe es nie verstanden, ich war in eine andere Welt geboren als mein Sohn. Ich tat ihm Unrecht, ich war hart, ich schickte ihn in eine Einsamkeit, damit er sehen und sein Inneres reifen lerne. Und dieser Sohn ist da, als man den Vater, der für ihn gestorben war, ins Unrecht stieß. Ist da und sagt zu mir: Vater! – Was habe ich an dir gesündigt! Verzeih mir, Otto Heinrich – in dieser Stunde – verzeih.«

Er legte seinen Kopf auf die Hände des Sohnes und schwieg.

Otto Heinrich bebte am ganzen Körper. Er wollte schreien, weglaufen, hinaus in die Nacht, in den Schnee, in die Kälte, laufen, immer laufen, bis zur Elbe, bis in das Gebirge, bis nach Frankenberg, laufen, laufen... Nur das nicht sehen, nur das nicht hören müssen... diesen Zusammenbruch seines Vaters, seines harten, herrischen Vaters, des stolzen Münzmarschalls.

»Was tust du«, stammelte er. »Vater... Vater... was tust du...?«

»Ich habe einen Sohn wiedergefunden«, sagte der Alte. »Und dafür danke ich dem Himmel...«

Als Otto Heinrich nach einer Stunde das Arbeitszimmer des Vaters verließ, trug er an seiner Hand den alten Familienring der Kummers.

Es war der Ring, den der Vater stets dem liebsten Sohn vererbte.

In seinem Zimmer schloß sich Otto Heinrich ein.

Die ganze Nacht hindurch brannte bei ihm die Lampe.

Unter seinem Fenster leuchtete der Schnee.

Am Morgen fuhr er ab. Zurück nach Frankenberg.

Er sah den Vater nicht mehr. Die Mutter sagte, ihm sei unwohl, und gab dem Sohn den Segen.

Erst als die Türme Dresdens in dem Morgendunst verschwammen, lehnte sich Otto Heinrich in das harte Polster zurück und legte beide Hände vor seine Augen.

Er weinte.

Doch er wußte nicht zu sagen: war es Heimweh, Glück, Wehmut oder die Angst vor einer Zukunft, der er mit bangen Ahnungen entgegenfuhr.

In der zweiten Nacht der Reise passierte die schwankende Kutsche unter klirrendem Frost die Stadt Freiberg und wandte sich dann von der Hauptstrecke ab, um auf einer Nebenstraße die Route durch das südwestliche Erzgebirge zu erreichen.

Es war eine dunkle, eisig windige Nacht. Die Reisenden hatten sich in ihre Pelze und Fußsäcke gedrückt, schliefen, indem sie sich gegenseitig stützten, oder brüteten vor sich in die Dunkelheit, die Unbequemlichkeit der Fahrt verdammend und leise ächzend bei jedem Stoß, der den schwankenden Holzkasten in allen Fugen schüttelte, wenn die Räder durch die tiefen Löcher der ungepflegten Straße sprangen.

Die kleinen Fenster zu beiden Seiten der Kutsche waren von innen verhängt. Auf dem Bock saß der Postillion im dicken Pelz und fluchte.

Weiß wehte aus den Nüstern der Pferde der Atem in die Kälte.

Als die Kutsche in die Nebenstraße einbog, um dann mit verstärktem Trab in die Wälder zu fahren, hatte niemand in der Kutsche noch der Postillion bemerkt, wie sich aus dem Gebüsch an der Kreuzung eine Gestalt löste, wieselschnell an die Rückwand der Post sprang, sich an einer der langen gebogenen Gepäckstangen festklammerte und ein Stück mitlief, ehe sie sich an einigen Schnürriemen emporzog und auf den Proviantkasten dicht unter das schmale Rückfenster setzte.

Bekleidet mit einem weiten Mantel und einem tief ins Gesicht gedrückten, breiten Schlapphut, saß die Gestalt schwarz und in sich zusammengezogen über den schwankenden Rädern. Durch die dünne Holzwand hörte sie das Hüsteln der Reisenden, lächelte bei einem saftigen Fluch des Postillions und schnalzte mit der Zunge mit, wenn die Peitsche klatschend über die zitternden Pferderücken zischte.

»Monsieur«, sagte plötzlich eine Dame zu ihrem Nachbarn und richtete sich ein wenig auf. »Mir war es, als habe sich draußen an der Hinterwand etwas geregt! Mon Dieu – es gibt hier doch keine Räuber?«

»Es ist der Wind«, murmelte ihr Begleiter verschlafen. »Der Wind, Madame. Räuber…« Er gähnte laut. »Räuber gibt's hier nicht…«

Nach wenigen Augenblicken schlief er weiter.

»Ich gehe nicht davon ab: es rührt sich etwas an der Rückwand«, flüsterte die Dame nach einer Weile. »Eben war es wieder! Haben Sie es auch gehört?«

Otto Heinrich, der vor sich hinbrütend angestoßen wurde, schreckte auf.

»Wie bitte?« stotterte er. »Was sagten Sie, Madame?«

»Draußen an der Rückwand rührt sich etwas!«

»So lassen Sie doch den Postillion halten.«

Die Dame zögerte. »Ich kann mich auch verhört haben…«

»Bestimmt, Madame, bestimmt.«

Die Kutsche klapperte weiter durch die eisige Nacht.

Auf dem Proviantkasten kauerte noch immer die schwarze Gestalt.

Sie kicherte und räkelte sich auf dem breiten Sitz. Sogar eine Pfeife rauchte sie und verdeckte den glimmenden Schein des Tabaks mit der Hand.

Erst als das Morgengrauen über die Wälder stieg und der bleierne Himmel fahl und bedrückend wurde, sprang die Gestalt mit einem weiten Satz vom Wagen auf die glatte Straße, sah der Kutsche nach, bis sie um eine Wegbiegung verschwand, und eilte dann quer durch den Wald, bis sie im Unterholz verschwand.

Nur einmal blieb der stumme Gast stehen, kurz nachdem er von der Kutsche sprang, und nahm den breiten Schlapphut ab, sich über die Haare streichend.

Es war Willi Bendler...

Schon als Kind hatte Willi Bendler gute Augen. Und er war stolz darauf gewesen, wenn sein Vater sagte: »Der sieht wie eine Katze« und ihn aus der ganzen Geschwisterschar auswählte, bei Nacht das Feuerholz aus dem Schuppen zu holen.

Nun aber...

Kein Hauch Licht. Sterne und Mond verbargen sich hinter einer schweren Wolkendecke. Und der Hang hier nichts als schwarzes Unterholz.

Willi Bendler fluchte, schob einen Zweig aus dem Gesicht, überlegte es sich, rannte in langen Sprüngen zur Straße zurück. Die Kurve, ja, das war die Stelle. Gleich dahinter mündete der Ziehweg, der zur Köhlerhütte führte. Aber hier war kein Durchkommen. Er ging weiter. Eine Tannenschonung. Dann versanken die Füße bis zu den Schäften der Stiefel im Laub, und schließlich tauchten wieder schwarz wie Scherenschnitte große Bäume aus dem Dunkel auf, der Himmel wurde lichter – ja, da mußte der Weg sein. Und da war er auch.

Bendler reckte sich zu seiner ganzen Größe, legte die Hände an den Mund: »Uuiuu!« Nochmals. Der Ruf des Käuzchens.

Er legte den Kopf schräg. Nichts.

Vielleicht waren sie noch zu weit weg?

Er ging nochmals zwei-, dreihundert Meter bergan und versuchte es wieder.

Und diesmal kam die Antwort. Ein einsamer, hohler Käuzchenruf. Dreimal…

Na also! Es dauerte nur wenige Minuten, bis er festen Boden unter den Sohlen seiner Stiefel spürte: der Ziehweg.

Bendler, der Riese, ging bergan, so kraftvoll, wie nur er das konnte, und verharrte erst, als eine Männerstimme seinen Namen rief.

»Willi! – Bist du's, Willi?«

Hans, einer der beiden Gera-Vettern. – Bist du's, Willi? – Hatte er diesen Eseln nicht eingeschärft, stets und unter allen Umständen das Losungswort zu benutzen. »Aurora« lautete es in dieser Woche. Wahrscheinlich hatten sie's schon wieder vergessen.

»Gott sei Dank! Da bist du ja, Willi.«

Ein Schatten tauchte vor ihm auf.

Bendler schluckte den Groll hinunter, tätschelte Hans Hilperts Schulter, wollte jetzt keinen Streit, auch keine Auseinandersetzung um Losungsworte – einen Schluck Schnaps wollte er, besser wäre noch Wein, ein Stück Brot und Speck dazu, nach der ganzen aufregenden Fahrt als blinder Kutschen-Passagier knurrte ihm der Magen.

Die Köhlerhütte war aus rohen, mit Lehm verfugten Tannenstämmen zusammengefügt. Drinnen hatten sie ein Feuer angefacht. Durch die geöffnete Tür konnte er den Flammenschein erkennen. Nun ja, so bedenklich war das nicht. In diesen abgelegenen Teil des Thüringer Waldes wagte sich bei Nacht niemand. Schon gar nicht eine Streife der königlich sächsischen Gendarmerie.

Er mußte den Kopf mächtig einziehen und dabei gleichzeitig in die Knie gehen, um die Hüttentür zu passieren.

Und dort empfing ihn Lärm, Geschrei und Lachen. Sie waren alle aufgesprungen, nur Sottka blieb am Tisch sitzen: klein und gekrümmt, den dreckigen, längst verspeckten Zylinder mit der zerrissenen Krempe wie immer auf dem Kopf. Joseph Hilpert, Student wie Hans, umarmte ihn. Die vertrauten Gesichter. Augen, in denen die Erleichterung lag, den Anführer wieder bei sich zu wissen. »Was ist, Willi? Wie war es?«

»Erzähl' ich noch. Jetzt kann ich nicht. Mein Magen knurrt lauter als meine Stimme. Hört ihr ihn nicht? Gebt mir Futter.«

Joseph hatte schon das Messer und den Brotlaib in der Hand. Otto, den sie »Frosch« nannten, seit er mit einem gewaltigen Sprung von der Rodach-Brücke der Eskorte entwich, die ihn ins Polizeigefängnis nach Coburg bringen wollte, schnitt ein Stück Käse ab.

»Speck habt ihr keinen?«

»Bedauerlicherweise nicht, Eure Exzellenz«, ließ sich Sottka vernehmen. Er lüpfte den Zylinder und zog ihn in einem höfisch-eleganten Halbbogen über den Kopf. »Aber falls Euer Hochwohlgeboren mit unserem bescheidenen Mahl nicht vorliebnehmen...«

»Hör auf mit dem Mist!« sagte Bendler, schlug die Zähne in das Brot und kaute. Und dann warf er einen seiner langen dunklen Blicke zu der kleinen Gestalt dort am Tisch. Sottka versuchte dem Blick zu begegnen. Die runden Brillengläser funkelten. Doch Willi Bendler wandte sich ab. Seit jener Nacht in der fernen Mark Brandenburg konnte er den Kerl einfach nicht mehr sehen, seit jener Nacht, als er mitansehen mußte, wie Sottka, den er stets für einen jener verschrobenen Intellektuellen gehalten hatte, die sich seit den Zensur- und Knebel-Gesetzen zu Dutzenden in den Reihen der Freischärler finden ließen, kaltblütig mit dem Dolch einen Gefangenen tötete. Und dieser Gefangene war dazu noch eine Frau... Sie mochte die Strafe verdient haben, gewiß, deshalb sollte sie ja auch zum Beweis der deutschen Gesinnung der Freischar-Bewegung den Behörden übergeben werden – aber doch gefangen übergeben! Gefangen und lebendig. Nicht ermordet.

In dieser Nacht hätte er beinahe selbst Schuld auf sich geladen und Sottka erwürgt. Nur den anderen war es zu verdanken, daß er noch lebte, ihrer Freundschaft, nicht ihrem Argument: »Sie hätte uns verraten, wie sie jeden verraten hat. Es war besser so...«

Nein, es war nicht besser so. Sottka hatte ein Kains-Mal gesetzt. Und darunter würden sie als Bruderschaft ewig leiden. Auch wenn ihnen die Flucht nach Böhmen gelang. Die Folgen waren schlimm genug. Er mußte das Korps auflösen. Nur als einzelne Gruppen hatten sie die Chance, der Polizeiverfolgung zu entkommen.

Doch dies war nicht die Zeit für solche Gedanken...

Bendler las die Zeit von seiner Taschenuhr: kurz vor Mitternacht. Es gab keine Überlegung und keine Diskussion: sie brauchten das verdammte Schießpulver. Letzten Dienstag, vor beinahe einer Woche, beim Übergang über die Elster war Hans, der den Pulvervorrat im Tornister trug, auf einem glatten Stein gerutscht und ins Wasser gefallen. So hatten sie die ganze Reserve bis auf die Füllung von zwei Pulverhörnern verloren.

Mit zwei Pulverhörnern nach Böhmen?!

Ausgeschlossen... Auch die anderen brauchten Nachschub.

Doch soweit würde es nicht kommen.

Der Militärtransport für das Mineur-Detâchement in Frankenberg war seit einem Tag unterwegs. Er würde um Mittag in der Stadt eintreffen. Bendler hatte es aus einem Dragoner-Unteroffizier herausgekitzelt, den er an einer Wegschenke bei Weida getroffen und betrunken gemacht hatte.

Um Mittag. Das hieß, daß sie kurz vor sieben hier durchkommen mußten. Also bei Morgengrauen. Ein guter Zeitpunkt. Dann waren Kutscher und Begleiter von der Nacht schon so zermürbt, daß sie nicht bemerken würden, was auf sie wartete. Und wenn sie es merkten, war's ohnehin zu spät...

Noch einmal überprüfte Willi Bendler den Sitz des Seils. Er hatte es am schenkeldicken Ast der Eiche verknotet, die am gegenüberliegenden Hang hochwuchs.

Nun tarnte er es mit abgeschnittenen Zweigen.

Hans, der ältere der beiden Studenten-Vettern aus Gera, kletterte noch einmal rasch wie ein Affe den Baum hoch, schwang sich wieder auf den Weg, lachte.

»Na, denen rasieren wie die Hüte ab, was, Willi?«

Bendler nickte. Den Jungen mochte er. Als Student der beste auf dem Paukboden, hatten sie gesagt. Außerdem gehörte er der Jahn-Bewegung an, war gewandt wie ein Panther, ließ sich nie Angst anmerken und blieb immer guter Laune, selbst wenn es noch so übel aussah.

Der Weg war nun nichts als ein graues Band.

Der Wald verhielt noch im Dunkel... Weiter oben aber, wo die Kurve auslief und das Gefälle begann und sich Felder zogen und Büsche, hatte der Himmel sich aufgehellt. Schon waren die ersten Vogelrufe zu vernehmen. Und der Mond hing als blasse Sichel in einem grünen Himmel.

Sie würden kommen. Bald sogar. – Falls seine Rechnung aufging...

Bendler bückte sich, scharrte einen Armvoll Laub zusammen und streute ihn über das Seil am Boden.

Dann verkrochen sie sich wieder in der Deckung, kauerten hinter Stämmen und Büschen. Jetzt sprach keiner mehr, jeder wußte, was zu tun war.

Bendler zog die Pistole. Beinahe zärtlich streichelte er den Knauf und die vertraute Rundung des Griffs. Die Kugeln steckten im Lauf. Er spannte die beiden Hähne, prüfte die Zündhütchen. Auch die beiden Gera-Vettern machten die Waffen schußbereit. Weiter oben, in der Schonung, kauerte der »Frosch« hinter einem Haufen Bruchholz. Er hatte das Grenadier-Gewehr. »Nur im Notfall schießen!« hatte Bendler ihm eingeschärft.

Sieben Uhr zehn. Nun konnte er die Ziffern seiner Uhr schon ganz deutlich lesen. Die Zeiger schienen festgeschraubt.

Irgendwo schrie eine Krähe. Und nun wieder ein Vogelruf. Es klang wie eine Warnung.

Der milchige Schleier über den Feldern hatte sich aufgelöst und einem klaren Blau Platz gemacht.

Und dann hörten sie es: das gleichmäßige Schlagen von Hufen, Räderpoltern, das metallische Klacken, das entsteht, wenn stählerne Radbänder auf harte Steine treffen.

»Sie kommen.«

Hans war es, der es flüsterte, und Bendler hob die Hand. Eine unnötige Geste. Jeder wußte, was er zu tun hatte.

Hans Hilpert war der einzige, der sich aus der Kauerstellung hochschob. Eng an einen Stamm gepreßt, hielt er das Seilende. Sobald es soweit war, würde er das schwere Hanfseil blitzschnell anspannen und um das Aststück schlingen. In angespanntem Zustand mußte es Kutscher wie Reiter abwerfen. Sie hatten es zuvor genau ausgemessen.

Bendler hielt den Atem an.

Das Hufeklappern änderte sich, wurde schneller. Das, was er erwartet hatte, war eingetreten: der Kutscher nützte den leicht abfallenden Hang. Statt zu bremsen, versetzte er die Pferde in einen raschen Trab. – Na, um so besser!

Zwei Lichter.

Wegen des Waldesdunkels waren die Laternen noch nicht gelöscht.

Bendler stand auf: ein Schatten unter anderen Waldesschatten.

Noch vierzig, dreißig, zwanzig Meter... Und nun sah er sie, sah alles ganz genau, jedes Detail: das Blinken an den Tschakos der beiden Reiter, die die unförmige Militärkarosse begleiteten, die weißen Dragoner-Aufschläge an den Uniformen – den Kutscher. Auch er ein Soldat... Hochaufgerichtet saß er, während die Dragoner, erschöpft vom Nachtritt, wie schwankende Puppen in ihren Sätteln hingen und die Pferde allein ihren Weg suchen ließen.

Na, die werden wir gleich wecken.

Hans' Zähne blitzten. Die Anspannung hatte ihm die Lippen hochgezogen. Die Faust griff zum Seil.

»Jetzt!« rief Bendler.

Ja, jetzt.

Was nun folgte, mischte sich zu einem kaleidoskopartigen Wirbel von Eindrücken und Geräuschen: Schatten, die schreiend durch die Dämmerung flogen. Flüche. Das Wiehern sich aufbäumender Pferde, das Donnern der Hufe, als die Tiere in Panik die Hangstraße hinabrasten. Die Kutsche dort – führungslos. Das Deichselpferd schien sich im Geschirr verfangen zu haben, brach nach vorne in die Knie. Und da kippte der Wagen um, rutschte über die Steine, blieb an einem Baum hängen.

Um so besser.

Bendler sprang.

Und nun war er wieder der »Riese Bendler«, ein gewaltiger, Unheil verkündender schwarzer Schatten, der sich wie ein Geist aus der Dämmerung erhob, einen der beiden Dragoner, der sich gerade fluchend aus dem Staub hochgerappelt hatte, mit einem einzigen Faustschlag zurück auf die Straße schleuderte; so mächtig, mit solcher Hammergewalt geführt war der Hieb, daß der Mann zuckend liegenblieb.

Und da war der zweite, war schon hoch, wollte den Säbel ziehen.

Doch dazu kam er nicht mehr.

Willi Bendler wirbelte herum. Das rechte Bein holte aus, die Fußspitze traf genau den Magen und warf den Mann gegen die Böschung. Hustend, nach Luft schnappend, sackte er zusammen.

Was war mit dem Kutscher? – Ah, dort! Und die Hände hatte er über dem Kopf. Und vor sich Hans' Pistole.

Willi Bendler beugte sich über den Dragoner. Er hing zwischen den Wurzeln und hatte noch immer beide Hände gegen seinen Magen gepreßt. Jetzt drehte er den Kopf. Die Augen wurden weit.

»Na, wie geht's denn, Gevatter?«

»Ihr seid es...?«

»Aber natürlich.«

Bendler grinste freundlich, beruhigend. Zufälle gab es. Er hatte den Unteroffizier sofort erkannt. Der Sergeant war der Mann, den er in der Kneipe so mit Wein vollgeschüttet hatte, daß er ihm den Transport verriet. Daß er selbst mitreiten würde, das allerdings hatte er verschwiegen.

»Mein Magen...«

»Bin nicht ich«, grinste Bendler, »das ist der Wein. Werd' den erst mal los, dann wird's dir besser. Komm, ich helf' dir.«

Er packte den dicken Unteroffizier an seinem Uniformkragen und drückte ihn nach vorne, mit dem Gesicht zum Laub. »Spuck's aus, Gevatter! Dann wird dir besser.«

Vielleicht war soviel christliche Fürsorge nun doch ein Fehler. Der erste der beiden Soldaten war wieder auf den Beinen. Der gab nicht auf. Und weiß der Teufel, eine Pistole hat er in der Hand...!

Das Gesicht war jung, ein Bauerngesicht mit unruhig flackernden Augen. Doch die beiden anderen Augen, die schwarzen, kreisrunden Mündungen der Pistolenläufe blieben ruhig. Und beide waren sie auf Bendlers Brust gerichtet.

Bendler holte Atem. Die Luft war so kühl. Dort drü-

ben das Pferd. Es schnaubte, wieherte unterdrückt. –
Es hatte Angst.

»Nun tu's doch, Junge«, sagte er. »Na los!«

Die Läufe begannen zu schwanken.

»Willst wohl beweisen, daß du ein tapferer Soldat
bist?... Nur, wem?... Dir selber?... Wer sonst sieht es
denn, daß du einem Freischärler die Pistole auf die
Brust setzt? – Niemand, Junge...«

Ein leiser, halb klagender, halb knurrender Laut.
Dann flog die Pistole plötzlich hoch, beschrieb einen
Bogen und landete im Laub des Weges. – Der Oberkör-
per des Dragoners aber war zurückgebogen, ein Arm
winkelte sich um seinen Hals, eine Klinge blitzte in der
fahlen Dämmerung.

Sottkas Dolch...

»Sottka!«

Bendler brüllte, schlug mit der flachen Hand das
Messer weg. Die Schneide spaltete ihm die Haut. Blut-
perlen sprangen auf. Und da waren Sottkas glühende
Augen, funkelten in einem sonderbaren, wie zu einer
fahlen Steinmaske erstarrten Gesicht.

»Laß den Mist, verflucht noch mal!«

»Verflucht noch mal? Er wollte dich umbringen.«

»Das wollte er nicht. Das hatte ich ihm schon ausge-
redet.«

Den Kopf gesenkt, die Schultern eingekrümmt, stand
der Soldat zwischen ihnen. »Bitte«, murmelte er, »bitte...«

»Ja, bitte!«

Bendler riß die ledernen Fuchsbänder heraus, die er
stets in seinen Taschen mit sich führte, und band dem
Dragoner die Hände auf den Rücken. »Da rüber, zu
deinem Kameraden. – Wird's schon!«

Der Dragoner nickte erleichtert.

Bendler wandte sich wieder Sottka zu. »Hättest ihn wohl gern auch noch erstochen, was?«

»Gerne oder nicht«, der schmale Mund Sottkas blieb starr, »noch ein Tyrannenknecht weniger, die Welt könnte mir dankbar sein...«

»Die Welt, die Welt... All deine Reden, die wunderschönen Appelle, die du angeblich geschrieben hast – im Grunde kümmert dich das alles gar nicht. Für dich geht es nicht um Freiheit, um eine neue Gesellschaft, um Ideale oder sonst etwas, das alles ist für dich nur der Weg, deine Mordlust zu befriedigen. Du bist krank, Sottka! Das bist du: eine kranke, mordlüsterne, widerliche, kleine Ratte. Ich will's noch deinem Buckel zugute halten, wenn jetzt raus will, was immer in dir schlummerte. Aber nicht in meiner Gegenwart, Sottka. Nicht mehr... Das werde ich nicht zulassen. Eher schieße ich dich über den Haufen.«

»Bendler, ich hab' dir gerade...«

»Das Leben gerettet?« höhnte Willi Bendler. »Und was für ein Leben soll das sein, wenn man mit solchen Scheißkerlen, wie du einer bist, durch die Wälder ziehen muß? Manchmal begreife ich mich selber nicht. Aber eines sag' ich dir: Nimm dir so was nicht mehr heraus. Nie mehr.«

Haß war es, der in den grauen Augen hinter den Brillengläsern flackerte. Ein Haß, der ihn nicht erreichen konnte... Es gab Wichtigeres.

Bendler wandte sich um und ging zu den anderen.

Sie hatten versucht, den Wagen wieder auf die Straße zurückzustemmen. Es war ihnen nicht gelungen. Wozu auch? Die vier Pferde waren an Baumstämmen festgebunden, knabberten friedlich an den Zweigen, die beiden Dragoner lehnten mit dem Rücken gegen die Böschung und blickten mit dem betroffenen, schicksalsergebenen Ausdruck der Gefangenen zu ihnen herüber.

»Na, wie steht's? Was habt ihr gefunden?«

»Wirst dich wundern, Willi. Pulver, soviel, daß du ganz Frankenberg mitsamt deiner Apotheke in die Luft jagen kannst, falls du das willst.«

»Will ich nicht. Was weiter?«

»Die Gewehre der Dragoner. Auch der Kutscher hatte eine Pistole. Eine französische Reiterpistole. Richtiggehender Luxus. Na ja, und dann wäre da noch das.«

Der »Frosch« beugte sich und hob eine viereckige, eisenbeschlagene Holzkassette vom Boden.

»Und?«

»Achthundert Dukaten.«

»Mach keine Witze.«

»Kein Witz. Sind sogar achthundertfünfzig.«

Bendler pfiff leise durch die Zähne.

»Na dann«, sagte er. »Ich nehm' eines der Pulverfässer. Wir füllen es später in Säcke um. Die in Böhmen brauchen Nachschub.«

»Und die da drüben?«

Bendler überlegte.

»Laufenlassen können wir sie nicht. Dann steigen sie doch auf ihre Gäule und sind in zwei Stunden in Frankenberg. Das Risiko können wir uns nicht leisten. Ein bißchen Vorsprung brauchen wir schon… bindet sie an den Bäumen fest. Und gebt ihnen vorher was zu trinken. Die Frühpost kommt um elf. Soldaten müssen an Strapazen gewöhnt werden. Das ist nur gut für ihre Karriere.«

Im Gänsemarsch zogen die Männer den Hang hinauf. Bendler war der letzte. Noch einmal wandte er sich zu den Gefangenen.

»Übrigens, Freunde, habt ihr nicht Lust, zu uns zu kommen? So ein Waldleben ist doch gesünder als die Kaserne.«

Er erhielt keine Antwort. Nur eine Krähe schrie vom nächsten Gipfel...

Ahnungslos wie der entflohene Freund ratterte Otto Heinrich durch den Morgen Frankenberg entgegen. Das Schicksal, das in dieser Nacht durch eine dünne Holzwand einer alten Kutsche machtlos wurde, entfernte sich mit jedem Pferdetritt und überließ den Jüngling seinem höheren Geschick.

Schon als die Post gegen Mittag in Frankenberg einlief und Trudel, trotz ihres heiligen Versprechens, ihn nicht an der Posthalterei erwartete, ahnte Otto Heinrich, daß etwas Schlimmes im Hause Knackfuß vorgefallen war.

Ungeduldig wartete er, bis die Postknechte das Gepäck vom Dache schnürten und verteilten, reichte dem Postillion ein kleines Trinkgeld und eilte dann mit großen Schritten in die Stadt, bis er am Markt das große Apothekerhaus liegen sah.

Eine unerklärliche, fremde Unruhe trieb ihn vorwärts. Ohne den Laden zu beachten, lief er durch den seitlichen Privateingang die Treppen hinauf in seine Kammer, sah, daß der Ofen nicht geheizt war und der Staub noch dick im Raume lag, packte seinen Koffer in die Ecke, überlegte dann kurz, zog ihn wieder hervor und begann, sich erst zu waschen und dann umzukleiden.

Mit Widerwillen und leichtem Ekel benutzte er das

alte, abgestandene Wasser in dem zerbeulten Zinkeimer auf dem kleinen Flur. Das Handtuch war noch das alte wie vor seiner Reise, das Bett war unberührt, wie er es verlassen hatte.

Von einer jagenden Angst getrieben, rannte Otto Heinrich die Treppe hinunter, lief durch den Privatkorridor und zögerte erst, als er vor dem Kontor des Prinzipals stand.

Mit einem Ruck zog er seine Jacke zurecht, klopfte dann an und trat mit festem Schritt in das Zimmer.

Am Stehpult stand Knackfuß und rechnete im Hauptbuch.

Als er Otto Heinrich eintreten sah, klappte er es mit einem lauten Knall zu und schoß hinter dem Pult hervor. Seine Augen waren starr, und der faltige, schmale Mund zuckte wie in Krämpfen.

»Er… Er…!« Seine Stimme überschlug sich und wurde schrill. »Er wagt es noch, mir unter die Augen zu treten?!«

Otto Heinrich Kummer brauchte eine Zeit, um sein Staunen und seinen Schreck zu überwinden, ehe er eine Antwort fand.

»Ich weiß nicht…«, stotterte er unsicher, denn die fremde Anrede in der dritten Person, die nur bei Lehrlingen und einfachen Gesellen üblich war, verwirrte ihn noch immer. »Ich weiß nicht, was…«

»Er weiß nicht?!« Der alte Knackfuß schrie, daß seine Stimme in dem engen Raum gellte. »Er Lump! Er Schuft! Schleicht sich mit süßen Reden in mein Herz, ich mache Ihn zum Provisor, schenke Ihm Vertrauen, und Er… Er schändet meine Tochter. Er lockt sie nachts in Lauben, wie ein Verbrecher, der die Nacht braucht, um zu leben. Er säuselt ihr sein Unglück vor, verführt mit schönen Reden das ahnungslose, reine Herz, bringt Schande in die gottgeweihte Seele und steht dann da, ein Haufen Dreck, ein Mörder kindlicher Unschuld, und fragt: ich weiß nicht, was... Hinaus! Hinaus, Er Satan!!«

Knackfuß hielt sich an dem Rand des Stehpultes fest und atmete röchelnd.

Die Haut seines Gesichts war fahlgelb. Das Weiße der Augäpfel überzog sich mit rotem Geäder.

Otto Heinrich, der stumm die Schmähungen ertragen hatte, sah mit einem Schimmer Mitleid auf die gebrochene Gestalt des alten Mannes. In seinem Innern aber jagten die Gedanken. In den Halsschlagadern fühlte er hart den rasenden Puls klopfen.

Wo ist Trudel? schrie es in ihm. Was ist hier geschehen?! Der Alte bringt es fertig und erwürgt in seiner Wut die eigene Tochter!

»Was ist mit Trudel?« keuchte Otto Heinrich und duckte sich, als wolle er jeden Augenblick auf Knackfuß springen.

»Sie ist fort!«

»Wo fort? Wohin?!«

»Fort!«

»Wohin!!!« Der Jüngling schrie es und packte den Alten an den Rockaufschlägen.

Mit tödlichem Haß sahen sich die beiden in die Augen.

»Zu meinem Bruder. Nach Chemnitz. Dort bleibt sie, bis ich ihr den Mann ausgesucht habe, den sie heiraten muß – und wird!«

»Teufel! Infamer Teufel!« Stöhnend schüttelte Kummer den Apotheker wie eine Puppe hin und her. »Gib mir Trudel wieder... Du... Du... gib sie mir wieder...«

»Nie...« Die Augen Knackfuß' sprühten Triumph

und Haß. »Nie! Ich würde euch verfluchen, wie nie ein Vater fluchte!«

»Wir brauchen deinen Segen nicht! Die Welt ist groß und weit!« Und plötzlich schleuderte er den Alten an das Stehpult zurück, daß es krachte und zu schwanken begann. »Ich werde sie mir holen, und wenn die Hölle dazwischen läge!«

Knackfuß, der sich an das Pult geklammert hatte, um nicht hinzustürzen, richtete sich auf und zog die verrutschte Halsbinde gerade. Mit pfeifendem Atem trat er aus der Reichweite seines Provisors und ging hinter das hohe Stehpult.

»Wenn Sie den Tod wollen, tun Sie es«, sagte er verwunderlich kalt und nüchtern. »Ich habe nie einen Menschen so gehaßt wie Sie! Noch in der Brautnacht würde ich Sie und Trudel mit Gewalt vergiften!«

»Sie sind ein Satan!«

»Die Unschuld meiner Tochter ist mein Heiligtum!«

»Ich habe nie gewagt, sie ihr zu nehmen!« schrie Otto Heinrich. »Ich liebe Trudel!«

»Und Trudel liebt Sie auch! – Sie haben sie geküßt!«

»Ja.«

»Schuft! Wer meine Tochter küßt, beleidigt *mich*! Nur weil ich ein alter Mann bin, fordere ich nicht Rechenschaft mit der Pistole. Aber der Mann, der einmal Trudel in sein Haus nimmt, wird Sie wie einen tollen Hund zu Boden knallen... ich werde dafür sorgen, daß die Flamme brennt!«

Wie gelähmt stand Otto Heinrich vor diesem Haß. Er fand keine Antwort als ein schwaches resignierendes Achselzucken und wandte sich ab.

Erst in der geöffneten Tür blickte er sich noch einmal um und sagte langsam:

»Wenn es einen Gott gibt, wird er Sie einmal für diese Stunde strafen!«

Dann schloß er die Tür, lehnte sich an ihren Rahmen und bedeckte die Augen mit seinen Händen. So stand er eine Zeitlang, bis er langsam die Treppe empor in seine Kammer stieg, sich auf das Bett warf und das Gesicht in die Decken vergrub.

Schlafen... dachte er... nur schlafen, nichts mehr hören, nichts mehr sehen... nichts als schlafen... eintauchen in die Dunkelheit... versinken... schlafen... ewig schlafen...

... sterben...

Und vor dem Fenster rieselte wieder der Schnee.

Am Abend dieses Tages brachte einer der Gesellen einen Brief zu Otto Heinrich auf die Kammer und ein zusammengefaltetes Papier.

Otto Heinrich, der dabei war, seine Habe zu ordnen und einzupacken, da nach dieser Auseinandersetzung ein Bleiben im Hause Knackfuß unmöglich war, nickte dem Jungen knapp zu, nahm die Briefe und legte sie auf den kleinen Tisch.

Dann räumte er erst den Koffer ein, schrieb eine kurzgefaßte Austrittserklärung aus den Diensten der Frankenberger Apotheke und faltete dann erst das lose Blatt auf.

Es war ein kurzer Brief des Prinzipals.

Keine Anrede, keine Anschrift – das Schreiben begann wie ein Kanonenschuß.

»Da Sie einsehen werden, daß nach dem heutigen Vorfall nie gekannter Disziplinlosigkeit ein Verbleiben Ihrer Person in meiner Apotheke unmöglich geworden ist, sehe ich mich gezwungen, Sie aus meinen Diensten zu entlassen.

Sie werden andererseits aber einsehen müssen, daß es mir jetzt am Beginn eines Jahres und bei den unwegsamen Straßen und Postverbindungen fast unmöglich ist, einen neuen Provisor in Dienst zu stellen.

Aus dem Bestand der Apotheke möchte ich nicht noch einmal eine Enttäuschung wählen. Ich muß Sie daher – sehr gegen meinen und sicherlich auch Ihren Willen – ersuchen, Ihre Stellung bei mir bis zum Eintreffen des neuen Kollegen weiterhin zu bekleiden. Ich werde bemüht sein, diesen unhaltbaren Zustand schnellstens zu ändern. Da sich demnach eine weitere Zusammenarbeit nicht vermeiden läßt, ersuche ich Sie, auf Ihrem Zimmer zu speisen und tunlichst den persönlichen Verkehr mit mir auf ein erträgliches Mindestmaß zu beschränken.

Ihr Dienst beginnt wie immer morgen 8 Uhr früh im Laboratorium.

Knackfuß, Apotheker zu Frankenberg.«

Otto Heinrich ließ das Papier auf seinem Schoß sinken und blickte halb erstaunt, halb ärgerlich vor sich hin.

»Er braucht mich, das ist alles«, dachte er. »Er kann mich nicht entbehren, er will keinen Skandal... er sucht einen Weg, mich weiter zu fesseln, zu quälen und in die Verzweiflung zu treiben. – Aber ich gehe! Ich bleibe nicht!!«

Doch je länger er darüber grübelte, um so größer wurde seine Hoffnung, Trudel vielleicht doch noch einmal zu sehen, sie zu sprechen oder nur zu erfahren, wo sie in Chemnitz wohnte und ob man schreiben konnte, wie das Herz blutete in der Sehnsucht nach ihren Lippen.

So nahm er den zweiten, verschlossenen Brief vom

Tisch, drehte ihn mehrmals um, da er keine Anschrift und keinen Absender enthielt, schüttelte den Kopf und erbrach das Kuvert.

Ein kleines, mit einer zierlichen Schrift eng beschriebenes Papier fiel heraus, und Otto Heinrich, der das zu Boden geflatterte Blatt aufhob, las auf der Rückseite das Wort »Trudel«.

Ein heißer, beißender Stich jagte ihm durch das Herz.

Bebend rückte er an die Lampe und schraubte sie heller.

»Trudel«, dachte er. »Trudel«, flüsterte er. »Trudel, liebste, liebste Trudel. Du schreibst mir… o Trudel… Liebste…«

Mit zitternden Lippen begann er zu lesen.

»Mein liebster, einziger Geliebter!

Zürne nicht! Das Leben ist so anders als der Wunsch der Herzen, und Glück ist seltener als eine Stimme Gottes, die die Seele trifft.

Ich bin Dir weit entfernt, wenn Deine Hand den Brief erbricht, weit, Liebster, weit… so weit, daß nie ein Weg mehr uns zusammenführt.

Es ist des Vaters Wille, daß ich gehe. Und ich gehorche, denn des Vaters Leben ist mir heilig, auch wenn er Dich und mich verbannt und Herzen tötet, weil sie glücklich sind. Doch bleibe ich bei Dir, so wird der Vater sich am Gram verzehren, und unser Glück wäre Fluch, und unser Leben nur die Flucht vor einem Totenbild, vor einem Vater, der beim letzten Atem noch die Faust hob.

Ich muß gehorchen. Leben heißt Gehorsam, denn nur Gehorsam wird uns unsere Ehre schützen. Ich weiß, daß nun auch Du mir fluchst – Liebster, ich ertrage es, denn meine Seele ist gestorben, wenn sie diesen Brief geschrieben, und nur der Körper atmet noch... wer weiß, wie lange noch... es ist die Qual nur eines aufgeschobenen Todes.

Ach Liebster, vor Dir liegt die ganze Welt. Erobere sie, erfülle sie mit Deinem Geist, gib ihr ein Beispiel, sei ein Mensch, der würdig ist, zu leben.

Und... Liebster... liebe eine andere Frau und suche Trost in ihren Armen vor des Lebens Sturm... Vergiß mich. Nenne mich nur einen Traum, eine Vision, vielleicht auch einen Gedanken.

Wie will ich glücklich sein, wenn ich einst lobend von Dir höre... wie will ich mich erfreuen, wenn Dein Leben freudvoll wird – ich habe zu den Sternen, die der Himmel mir verdeckte, Wunsch und Gruß für Dich gesandt und will, wenn sie am Himmel glitzern, in sie sehen und Deine Augen treffen, wenn auch Du zu ihnen schaust.

Weine nicht – ich habe Dich wie nie einen Menschen geliebt. Sieh, nun sind unsere Herzen gleich, wehmütig in der Sehnsucht, traurig in Erinnerungen, frierend im Atem der Welt.

Leb wohl! Ich küsse Dich – die Haare, die Augen, den Mund und Deine zarten, schmalen Hände, die mich so oft streichelten.

Leb wohl. Auf immer Lebewohl... auf ewig... Trudel.«

Langsam sank der Kopf Otto Heinrichs hinab, bis er mit dem Gesicht auf der Platte des Tisches lag. Schlaff hingen die Arme herab, der Brief war auf die Erde geflattert, den Körper schüttelte ein Schluchzen.

»O warum hast du das getan?« flüsterte er. »Trudel... das ist die Einsamkeit, die grenzenlose Einsamkeit... der Tod...«

Die Haare fielen ihm an den Seiten über das Gesicht. Die Hände zuckten.

»Mein Urteil...«, stammelte er. »Mein Todesurteil, von ihr, die alles, alles für mich war...«

Und dann weinte er, haltlos, laut, daß seine Seele überfloß und im Schmerz ertrank. Weinte, bis sein Körper zusammenfiel und die Erschöpfung ihn im Schlaf erlöste.

Über den Tisch hingesunken lag Otto Heinrich bis zum Morgengrauen.

Als er starr vor Frost erwachte, war sein Herz vom größten Schmerz befreit. Doch es war kalt geworden, Eis wie die wundersamen Blumen an den zugefrorenen Fenstern, gefühllos, tot... einsam wie das kalte All.

Bevor er hinunter in das Laboratorium ging, nahm er den Brief Trudels nochmals zur Hand und schrieb unter den Namen der Liebsten ein kleines, resignierendes Gedicht.

Hämisch und voll Spott hob es sich von den Worten des Abschiedes ab.

Frech und ungerecht.

Kalt und einsam.

> Ich kenne einen armen Wicht,
> der bildete sich ein,
> ein Mädchenherz betröge nicht
> und müßte redlich sein.
> Er ist enttäuscht und wünschet nun
> im stillen kühlen Grab zu ruhn,
> wo alle Qualen enden.

Er schleuderte den Brief auf den Tisch und wandte sich brüsk ab.

Dann stieg er die Treppe hinunter in das Laboratorium.

Ein neuer Mensch, dessen Sehnsucht es war, zu sterben.

Ein Mensch, dem der Tod zur Wonne würde.

Ein Mensch, dessen Leben schon gestorben war und der nur atmete, weil die Natur es wollte.

Ein Mensch, der Gott deshalb anklagte, weil er schwieg.

Ein einsames Herz...

3

Es ist Sonntag, der 1. Februar 1835.

Durch Frankenberg rasselt mit schnaubenden Pferden eine Extrapost, wirbelt den Schnee in den engen Gassen auf und läßt die Bürger in die Haustüren flüchten.

In der Kutsche klammern sich an den Lederbügeln vier Herren in grauen Reiseanzügen und dunkelgrauen Zylindern auf den Plätzen fest und blicken ab und zu hinaus in den aufstäubenden Schnee.

Kalt steht die Morgensonne schräg über den Bergen.

Der Schnee leuchtet.

Die Pferde legen sich ins Geschirr, es kracht in den Deichseln, und der Kutscher auf dem Bock hat den Schal über den Mund gezogen, damit die Kälte ihm nicht die Lippen aufreißt.

Vor der Apotheke in Frankenberg hält mit einem Ruck die Kutsche, und die graugekleideten Herren springen aus dem hölzernen Kasten.

Hinter den Scheiben der Läden und des Laboratoriums kleben die Gesichter der Neugierigen, am Brunnen auf dem Markt stauen sich die einkaufenden Frauen – Herr Knackfuß selbst eilt aus seinem Kontor in den Laden und kommt gerade zurecht, als die vier Herren durch die klingelnde Tür eintreten.

»Eine königliche Post aus Dresden«, flüstern die Frauen draußen am Brunnen. »Eine Extrapost für Knackfuß! – Der Alte hat ein Glück!«

Aber es war nicht das Glück, das mit dieser Post aus Dresden kam, sondern im Privatkontor, in das Herr Knackfuß die Herren bat, zeigten die vier Reisenden ihre königlichen Ausweise.

Der Apotheker erstarrte.

Erbleichend hielt er sich am Stehpult fest und brauchte eine längere Zeit, sich zu fassen.

»Die Herren sind vom Geheimdienst Seiner Majestät?« stotterte er und blickte von einer grauen Gestalt zur anderen. »In meinem Hause? Ich... wüßte nicht, was Sie hier an Geheimem zu suchen hätten. Meine Gifte sind die für jede Apotheke zugelassenen Destillate – der Schlüssel zum Giftschrank steht Ihnen sofort zur Verfügung –, und Gift wurde nur abgegeben auf Rezept unter genauer Notierung des Namens und des Datums. Sie werden keine Verfehlungen finden, meine Herren! Für die Verwaltung der Gifte trägt mein Provisor jede erdenkliche Sorge!«

Die grauen Herren nickten.

»Ihr Provisor ist es, der uns interessiert«, sagte der größte der Reisenden. »Ein Herr Kummer, wenn ich nicht irre?«

»Sehr recht. – Otto Heinrich Kummer.«

»Sein Vater ist der Münzmarschall Benjamin Friedrich Gotthelf Kummer aus Dresden?«

»Ja.«

»Sie kennen ihn?«

»Flüchtig. Ich lernte ihn in Dresden kennen, als ich den Herrn Kollegen von der Hofapotheke besuchte. Dort empfahl man mir auch den Sohn des Herrn Münzmarschalls.«

Die grauen Herren nickten. Sie blickten in einige Notizhefte und notierten etwas. Herrn Knackfuß überlief es heiß. »Das ist ein Verhör«, dachte er erschreckt. »Ein regelrechtes Verhör. Diese Schande! Man ist in Frankenberg kompromittiert! Und alles wegen dieses Kummers!«

»Ist der Herr Provisor im Haus?« fragte der eine Herr wieder.

»Sehr wohl! Er steht zu Ihrer Verfügung. Nur – wenn ich bitten dürfte – Sie verstehen – Kleinstadt, die Bürger, der Klatsch, die Ehre des Geschäftes…«

»Keine Besorgnis!« Der Herr lächelte leicht. »Wir werden so diskret wie möglich sein.«

»Untertänigsten Dank.« Knackfuß ergriff eine kleine silberne Handglocke und läutete. Der helle Ton zitterte durch das ganze Haus.

Ein Gehilfe im beschmutzten, weißen Mantel trat ein.

»Ich lasse den Herrn Provisor zu mir bitten«, sagte Knackfuß und ärgerte sich, wie dumm der Gehilfe die grauen Herren anstarrte.

Er schob ihnen einige Stühle zu und lächelte gezwungen.

»Aber bitte, nehmen Sie doch Platz, meine Herren.«

»Gehorsamsten Dank – aber wir stehen lieber!« war die kurze Antwort.

Es klopfte.

Die Tür sprang auf.

Otto Heinrich trat ein und stutzte.

Da hob der Wortführer der Grauen die Hand und schloß das eine Auge. Es war eine schnelle Bewegung, die Knackfuß übersah, aber für Otto Heinrich war sie ein Aufatmen von einer würgenden Bedrückung.

Langsam trat er näher und verbeugte sich kurz.

»Kummer«, sagte er leise.

»Von Seditz«, sagte der eine Herr und verbeugte sich gleichfalls. Die anderen drei nickten stumm und traten etwas zurück. »Ich komme im Auftrag des Geheimdienstes Seiner Majestät des Königs von Sachsen. Ich bedauere die Störung, aber ich bin ermächtigt, an Sie einige Fragen zu stellen.«

Das klang alles sehr förmlich und streng, aber die Augen Seditz' blinzelten und begrüßten den jungen Freund.

Knackfuß, der im Rücken der Herren stand, sah dies nicht. Er krampfte die Hände ineinander und wartete ängstlich und neugierig auf die kommenden Dinge.

Otto Heinrich nickte leicht.

»Ich bin bereit.«

»Sie kennen eine Vera Veranewski Bulkow aus Moskau, die unter dem Namen Madame de Colombique durch Sachsen reiste?«

»Ja. Ich fuhr zufällig mit ihr in der gleichen Kutsche nach Frankenberg.«

Die drei anderen grauen Herren hatten ihre Notizbücher herausgenommen und schrieben Frage und Antwort mit. Knackfuß stand hinter dem Pult und bebte vor Erregung. Eine Frau, dachte er. Wegen einer Frau also – meine arme Trudel... Er war so erregt, daß sein Atem durch die Lippen pfiff.

»Sie wissen, daß diese Dame eine Spionin ist?« fragte von Seditz weiter.

»Ich erfuhr es erst in Dresden.«

»Ah – Sie waren in Dresden?«

»Ja – zu Weihnachten!«

»Und Sie wissen auch, daß Ihr Herr Vater in diese Spionage verwickelt ist?«

»Ja.«

Knackfuß schnaubte hinter seinem Pult. Der ehrsame, hochgeachtete Münzmarschall! Sieh, sieh… und der Sohn ist in seiner Apotheke Provisor! Spionage also. Landesverrat, Revolution…? Knackfuß trommelte leise mit den Knöcheln auf die Platte des Stehpultes, stellte dieses Klopfen aber sofort ein, als ihn der mißbilligende Blick eines der Herren traf.

»Was wissen Sie über das Verhältnis Ihres Herrn Vaters zu besagter Madame de Colombique?«

Otto Heinrich zögerte. Diese Frage hatte er nicht erwartet, sie war ihm fremd. Vorsichtig blickte er von Seditz an und sah, daß dieser ein Auge schloß.

»Ich verweigere darüber die Aussage«, antwortete er schnell und atmete erleichtert auf.

Knackfuß, der atemlos das Verhör verfolgte, hatte diese Antwort nicht erwartet. Er schoß hinter seinem Pult hervor an die Seite von Seditz'.

»Herr Kummer«, zischte er. »Sind Sie von Sinnen?! Sie haben den Herren zu antworten!«

»Sie sind nicht mein Vormund«, sagte Otto Heinrich laut. »Ich antworte dort, wo ich es verantworten kann!«

»Mischen Sie sich bitte nicht in das Verhör«, wandte sich Seditz an den Apotheker. »Ich verhöre Sie später genau!«

Dieser letzte Satz machte Knackfuß kampfunfähig. Gesenkten Hauptes ging er wieder hinter sein Stehpult, stützte den Kopf in beide Hände und grübelte nach, daß es seit drei Generationen das erstemal war, daß sein ehrbarer Name in einer Gerichtsakte stand.

Unterdessen hatte Seditz ein Taschenbuch aus dem Mantel genommen und blätterte darin herum.

»Ihr Herr Vater stand unter einem gefährlichen Verdacht«, sagte er dabei. »Seine Majestät haben ihm zeitweilig Seine Gnade entzogen. Die Spionage der Madame de Colombique, die Ihr Herr Vater in den Hof einführte, umfaßte nicht nur die militärischen, sondern auch die staatshaushaltlichen Geheimnisse. Eine böse Affäre für Sachsen!« Er machte eine Pause und blickte dann auf.

»Sie kennen einen Willi Bendler?«

Der Name Bendler riß den sinnenden Knackfuß empor.

»Ein Volksaufwiegler«, rief er. »Flüchtete, um…«

»Ich fragte Herrn Kummer«, unterbrach ihn hart von Seditz.

»Erlauben Euer Gnaden – aber ich kenne ihn besser. Er ist ein Revolutionär, ein gefährliches Subjekt. Ich fand auf seinem Tisch die berüchtigten ›Pfefferkörner‹ des Freiherrn von Maltitz!«

»Ein großer Irrtum«, man merkte es Seditz an, daß es ihm eine tiefe Freude war, den Apotheker zu belehren. »Die ›Pfefferkörner‹ sind nicht berüchtigt, sondern berühmt, und außerdem sind sie hervorragend und dürften Ihnen zeigen, daß eine neue Zeit sich abzeichnet. Aber das verstehen Sie vielleicht nicht!« Und zu Otto Heinrich gewandt, fuhr er fort: »Sie kennen Willi Bendler?«

»Ja.« Kummer nickte, sah aber fragend auf Seditz, da er mit dieser Frage nicht gerechnet hatte. »Wir wohnten hier im Hause zusammen in einer Bodenkammer. Er war ein guter Kamerad mit einem wahren Charakter, der nichts mehr haßte als das Spießertum! Mit dem Prinzipal lag er ständig im Streit...«

»Das kam so«, unterbrach Knackfuß mit einem wütenden Blick auf Kummer eilig. »Besagter Bendler, impertinent...«

»Ich fragte Herrn Kummer«, schnitt von Seditz ihm das Wort ab. »Ich darf Sie um Ruhe ermahnen. Es sollte mir leid tun, Sie aus Ihrem eigenen Kontor weisen zu müssen. – Erzählen Sie weiter, Herr Kummer.«

»Diese Streitigkeiten aber waren stets nichtiger Natur. Mehr plagte ihn der Drang nach menschlicher und seelischer Freiheit, der Drang nach einem Ideal, das der Idee der Französischen Revolution ein Denkmal setzt: Freiheit, Gleichheit und Brüderlichkeit! Aus diesem Drang heraus floh er eines Nachts. Seitdem hörte ich nichts mehr von ihm.«

»Danke, das genügt mir.« Seditz wandte sich an seine drei Begleiter.

»Haben Sie die Aussage, meine Herren?«

»Wort für Wort.«

»Danke. –« Er wandte sich wieder an Otto Heinrich und lächelte. »Ich habe Ihnen in diesem Zusammenhang eine Mitteilung zu machen. Auf der Route Potsdam – Küstrin fand man vor wenigen Tagen eine Leiche, die man offensichtlich in einer Postkutsche erstach und aus dem fahrenden Wagen warf. Der Körper zeigte einige Schleifwunden und einen exakten Stich in das Herz. An die Leiche geheftet fand man einen Zettel mit den Worten: ›Tod allen Verrätern und Spionen! Es lebe die freie Gerechtigkeit, es lebe die Zukunft der Wahrheit. B.‹ Unsere Forschungen mit den Berliner Kollegen ergaben, daß ein Willi Bendler der Führer einer Art Freikorps ist, das sich als Ziel nimmt, gegen das Unrecht zu kämpfen. Wir vermuteten, und das erwies sich als richtig, daß die Leiche ein Opfer dieser Freischar war. Es wird Sie aber noch mehr erstaunen, *wer* das Opfer war: die Madame de Colombique!«

Ein Ruf des Erstaunens flatterte aus Kummers Lippen. Aber bevor er etwas sagen konnte, fuhr Seditz fort.

»In der Innentasche, eingenäht in das Futter des Mantels, fand man einen Packen wichtiger Geheimpapiere, Spionageberichte, Aufträge, Korrespondenzen und Adressen, die es uns ermöglichten, ein breitangelegtes Spionagenetz einzuziehen und alle Auftraggeber der interessierten fremden Macht zu kennen. Bei den Papieren fand man aber auch den Beweis, daß in Dresden der Hofkämmerer Baron von Kracht die Spionage mit Nachrichten versorgte. Die völlige Unschuld Ihres Herrn Vaters ist damit geklärt.«

»Herr von Seditz...« Otto Heinrich stammelte. Er fühlte, wie sich gegen seinen Willen seine Augen mit Tränen füllten.

»Und noch eines ist geklärt: der unschuldige Verdacht! Baron von Kracht war ein alter Feind ihres Herrn Vaters. Es müssen da persönliche Dinge aus der Jugendzeit eine Rolle spielen. Der Baron verstand es durch seine hohe Hofstellung geschickt, den Verdacht auf Ihren Herrn Vater zu lenken.« Seditz lächelte wieder. »Heute denkt er auf dem Königstein über sein Urteil nach – während der Herr Münzmarschall vergangenen Sonntag von Seiner Majestät huldreich empfangen und wieder in alle Ämter eingesetzt wurde!«

Otto Heinrich bebte. Er drückte Seditz stürmisch die Hand und begleitete ihn hinaus.

Mit einem kurzen Gruß verabschiedeten sich die grauen Herren von dem verdutzten und enttäuschten Knackfuß. Mit Dienern geleitete er sie zur Tür.

Otto Heinrich ging mit Seditz bis zur Kutsche und reichte ihm noch einmal die Hand.

»Ich danke dir«, sagte er leise. »Die kleine Komödie hat dem Alten mächtig die Knochen geschüttelt, und selbst ich wußte manchmal nicht, was Spaß und Ernst ist. Nur eines bedrückt mich: Was wird man mit Bendler machen, wenn man ihn fängt?«

»Man wird ihn des Mordes anklagen! Die Preußen sind ihm schon auf der Spur!«

»Mein Gott – wenn man da helfen könnte!«

»Zu spät.« Seditz lachte. »Seit zwei Tagen ist er in Sachsen, ging bei Lützen über die Grenze! Seit gestern hat ihn mein Geheimdienst in Verwahr!«

»Und du wirst ihn ausliefern?«

»Ich werde ihn nach Bayern abschieben! Seine Art der Gerechtigkeit ist mir zu handwerklich! Brutalität hat selten eine Erlösung gebracht – unsere Zukunft liegt im Geist! Einen Bendler kann es öfter geben. – Blut fließt so leicht – aber das Genie, das uns ein neues Ideal gibt, das heißt es suchen!«

Otto Heinrich nickte.

»Ich bin so glücklich, daß der Vater gerettet ist! So glücklich, Seditz! Ich habe dir viel zu danken.«

»Du beschämst mich, Heinrich. Laß uns davon schweigen – Freunde sind immer füreinander da! –« Er blickte sich um. Die drei Begleiter saßen bereits in dem hölzernen Verschlag, die Pferde waren unruhig und klirrten im Geschirr. »Es wird Zeit, Heinrich. Noch einmal deine Hand – so –, und nun leb wohl und beiße dich durch! Man hat dich in Dresden nicht vergessen.«

»Grüß mir alle, Seditz«, sagte Otto Heinrich mit stockender, belegter Stimme. »Vater, Mutter, die Geschwister – und Maltitz, Caspar Friedrich, Bruneck, Puttkammer, du weißt schon – alle! Und grüße mir Dresden, das Schloß, die Oper, die Frauenkirche und die Brühlsche Terrasse. Den Zwinger und den großen Garten. Und die Elbe, Seditz, die Elbe.«

Der Wagen ruckte an, knarrend und knirschend mahlten sich die Räder in den verharschten Schnee.

Noch einmal drückte er dem Freund durch das Fenster die Hand, lief ein Stück nebenher und blieb dann mitten auf dem Markt stehen und winkte.

Als der Wagen um die nächste Ecke bog, ging er gesenkten Hauptes zur Apotheke zurück. Die Blicke der tuschelnden Frauen am Brunnen folgten ihm.

Langsam öffnete er die Tür und trat ein.

Im Flur stand zornrot und bebend Knackfuß.

Und ohne ein Wort ging Kummer an ihm vorbei in das Laboratorium.

Die Antwort Otto Heinrichs, er verweigere die Aussage in Sachen seines Vaters, war ein Dorn in der Seele Knackfuß'. Nicht wissend, daß die Aufnahme des Protokolls nur eine Komödie des Herrn von Seditz war, der seiner Nachricht an Kummer einen für den Apotheker gewichtigen Rahmen geben wollte, trat er von diesem Tage an immer auf dieser Verweigerung herum und nannte seinen Provisor ehrlos, einen Schandbuben und einen Menschen, der Meineide schwört, wie man Butterbrote ißt.

Otto Heinrich dagegen antwortete mit der dringlichen Forderung, die Suche nach einem neuen Provisor zu beschleunigen, da es ihm unmöglich sei, neben einem zänkischen und tyrannischen Kracher – er sagte wirklich Kracher und brachte Knackfuß damit an den Rand eines Schlaganfalls – zu leben und erst recht zu arbeiten.

So zankten sich die beiden zum Gaudium der anderen Apothekergesellen durch die Tage, vergällten sich die Abende durch böse Worte und schlossen ihre Herzen gegen alles ab, was von außen her an sie herandrang.

Von Trudel hatte Otto Heinrich seit der gewaltsamen Trennung nichts mehr gehört. Wohl ging er ab und zu des Abends in die Laube und träumte von dem kurzen Glück, lauschte wohl auch auf das zarte Spinettspiel der Bürgermeistertochter Marie und dachte an das Gespräch, das er vor Monaten dabei mit Willi Bendler geführt hatte – aber den größten Teil seiner Freizeit und der Abende saß er hinter der Tranlampe oben in seiner Kammer, hatte den Tisch nahe an den Ofen gerückt und schrieb die halbe Nacht hindurch an einem kleinen Buch voll Gedichten. Er hatte es gleich nach seiner Rückkehr aus Dresden im Januar begonnen und nannte es »Vermischte Kleinigkeiten«, eine kleine Sammlung lyrischer und philosophischer Gedichte, ab und zu auch eine scharfe Satire – aber die Mehrzahl der Verse atmeten den Eishauch seines einsamen Herzens und die ungestillte Sehnsucht nach Licht, Luft und Freiheit seiner gequälten und getretenen Seele.

Wenn er dann erschöpft den Gänsekiel in den Halter steckte, sich reckte und die brennenden Augen rieb, war es meist der Weg durch den nächtlichen Garten, der seinen müden Körper erfrischte. Die Kälte des

Schnees, mit dem er oft sein heißes Gesicht rieb, die Stille, die alles umgab, und nur das leise Knirschen seiner Schritte belebten ihn neu und senkten ihm Ruhe in die aufgewühlten Gedanken.

So war es auch in dieser Nacht vom 7. zum 8. Februar 1835.

Otto Heinrich, der die Enge seiner Kammer verlassen hatte und den Kopf mit den noch ungeborenen, verwirrten Versen kühlen wollte, schritt langsam zu der dunklen Laube und lehnte sich von außen an die morsche Tür.

Ein klarer Himmel zog sich über die Berge. Unübersehbar glitzerten die Sterne, die Milchstraße spannte sich in weitem Bogen über bewaldete Kuppen. Klirrender Frost krachte in den Hölzern der Bäume.

»Eine schöne Nacht«, murmelte Kummer und schaute in den Himmel. »Eine Märchennacht, wenn sie zwei Liebende erleben...«

Er stockte, als schmerze ihn der Gedanke. Er fuhr sich mit der rechten Hand über die Augen, klinkte die Tür der Laube auf und trat ein.

Kaum hatte er den ersten Schritt in die Dunkelheit des Raumes gesetzt, blieb er stehen und lauschte.

Das unerklärliche, prickelnde Gefühl, nicht allein zu sein, kletterte in ihm empor bis zur Kehle.

Er hielt den Atem an und lauschte.

Ein fremder, leiser Atem stand in der Dunkelheit.

»Ist dort jemand?« fragte er mit zugeschnürter Stimme.

»Otto Heinrich?« antwortete ihm ein Flüstern von der Stelle, wo sich die schmale Holzbank hinter den Tisch zog.

Das Flüstern war dunkel. Ein Mädchen war es nicht... der sekundenschnelle Gedanke, es könnte Trudel sein, verflog.

Otto Heinrich tastete sich bis zum Tisch vor und versuchte aus der Dunkelheit einen Schatten herauszuschälen.

»Wer bist du?« fragte er ein wenig sicherer. »Maltitz?«

»Nein. – Willi Bendler!«

»Bendler!«

Otto Heinrich rief es laut und stürzte nach vorn dem Freund in die Arme.

»Pssst!« Bendler drückte Kummer an seine Riesenbrust und hielt ihn dann von sich ab. »Nicht so laut, mein Freund. Ich bin vogelfrei – juchhe –, ein jeder kann mich abknallen und bekommt für diesen Mord auch noch Dukaten!«

Er schwieg und setzte sich auf die Bank. Otto Heinrich lehnte sich vor ihm an den Tisch.

»Wie gefällt es dir in der Freiheit, Bendler?« fragte er langsam.

»Wie ein Hirsch in der Brunst! Nur sollten die Jäger das Jagdverbot erhalten. Du wirst durch Seditz schon gehört haben, was ich treibe!«

»Du hast meinen Vater gerettet...«

»Ungewollt...«

»Wenn auch – ich stehe tief in deiner Schuld! Du hast mit der Spionin ein gutes Werk getan.«

Der Riese neigte den schweren Kopf. Er fuhr sich über das Kinn, und das Kratzen verriet, daß er seit Tagen unrasiert war.

»Ob gut oder nicht gut – man kennt meine Spur! In Preußen war es heiß, nach Bayern will ich nicht – dort sind die Bäume so hoch –, und in Sachsen trifft mich das neue Friedensgesetz des Königs! Was tun? sprach Zeus! Ich wandere des Nachts und schlafe am Tage unter dem Stroh in den Scheunen und fange mir in Schlingen das Wild, um etwas zwischen den Zähnen zu haben. Ein Leben, bester Freund, das Schiller gekannt haben mußte, als er seine ›Räuber‹ schrieb. Ein freies Leben führen wir, ein Leben voller Wonne… dieser Idealist! Aber was rede ich – seit Stunden sitze ich hier wie ein Huhn auf der Stange und warte auf dich. Ich wußte, daß du kommst, denn ich beobachtete dich seit zwei Tagen. Gehst des Nachts in den Garten und starrst in die Sterne! – Großer Weltschmerz, mein Freund?«

Otto Heinrich schüttelte den Kopf.

»Hui!« Bendler pfiff durch die Zähne und reckte sich. »Hat man dir endlich doch den Ast, auf dem du sitzt, abgesägt? Ist aus dem Träumer endlich der Logiker geworden?«

»Man kann schlecht sagen, was man fühlt.« Kummer steckte die bloßen Hände in die Manteltaschen. Er fror. »Ich weiß nur eins: ich lebe ohne Sinn!«

»Bravo! Die Töne liebe ich! Auch wenn es falsche Töne sind, denn selbst der Unsinn hat noch einen gewissen Sinn. Das Leben aber ist nicht sinnlos – die Menschen, die mit dem Leben nichts anzufangen wissen, machen es zum Unsinn! In Wahrheit aber, das glaube mir, leben wir nach Gesetzen, die weder Kaiser noch Papst regieren können. Unser tiefstes und strengstes Gesetz ist die Natur. Das merkst du erst, wenn du wie ich mit dem Winde läufst.«

Bendler schwieg. Auch Otto Heinrich gab keine Antwort. Plötzlich, nach einigen Minuten Schweigen, fragte er:

»Wo ist deine Freischar, Bendler?«

»In alle Richtungen zerblasen!« Der Riese hieb mit der Faust auf den Tisch. »Nach dem Affärchen mit der Vera aus Moskau hat man die Hunde auf uns gehetzt! Da sagte ich zu meinen Kerlen: Jungs, ab in die Wälder und hinein nach Böhmen! Sie werden jetzt wohl noch dort sein und auf mich warten. Aber ich wollte noch einmal mit dir sprechen, Heinrich, und sehen, ob du zu uns gehörst!«

»Zu euch? Wie meinst du das?«

»So, wie es klingt! Komm mit und sei frei wie die Lerche unter der Sonne.«

Otto Heinrich zögerte einen Augenblick, ehe er antwortete.

»Es geht nicht, Bendler«, sagte er. »Ich bin nicht feig – nein, denke das nicht von mir –, aber ich scheue das Blut! Ich mag nicht die Freiheit lieben mit der Pistole in der Faust, ich kann nicht morden, um zu leben…«

»Morden?« Die Frage Bendlers war lang und gedehnt.

»Ja, morden! Denn was ist euer Tun anderes als Mord? Niemand hat das Recht, des anderen Leben zu nehmen, weil er das Leben von einer anderen Warte sieht! Niemand, außer Gott, ist absoluter Herr über Sein oder Nichtsein – auch wenn es um mein Volk geht! Ihr aber maßt euch an, Richter zu sein über die Ungerechten in euren Augen! Eure Freiheit ist Blut der Unterdrückung. Nein, Bendler – das kann ich nicht, ich suche die Seele in den Menschen, die große, aufbauende Seele, nicht die Stelle, wo ein Stich oder Schuß tödlich ist!«

Eine lange Zeit war Schweigen in dem dunklen Raum. Dann sagte der Riese langsam:

»Ist das deine wirkliche Meinung, Heinrich?«

»Ja, Bendler!«

»Mein Gott!« Bendler sprang auf und packte Kummer an den Mantelaufschlägen, »du Träumer, siehst du denn nicht, was um dich her vorgeht? Die Fürsten verhuren das Geld des Volkes, sie bauen Schlösser und Residenzen, während den Armen die Hütten über den Köpfen verfaulen! Auf der Straße ziehen die Schlangen der Heimatlosen, die kräftigsten Männer fängt man vom Felde, zerrt sie aus dem Stall, reißt sie aus der Stube, wirft sie aus dem Bett und preßt sie in Uniformen, verleiht sie untereinander als Söldner, verkauft sie an fremde Staaten... jahrzehntelang... Sklavenhandel mit Weißen, Deutschen, mit unseren Brüdern! Mensch, Kummer, predige diesen Seelenhändlern Moral mit deinen Gedichten – sie stecken dich in eine Uniform, und einen Monat später bewunderst du in Marokko die Palmen! Die Seele im Menschen, der Geist der Erneuerung – daß ich nicht lache! Hier, die Faust ist eine Macht! Setze sie einem unter die Nase, ramme sie in einen feisten Spießermagen, und du wirst der ordnende Herr sein, der Herakles im Augias-Stall! Die Welt gehorcht nur dem Stärkeren, nicht dem, der sie süß besingt! Einen Dante belächelte man und machte ihn unsterblich – aber ein Machiavelli brauchte nur zu winken, und die Nacken krachten zu Boden und schrien Vivat und dreimal Hurra! Das Leben respektiert nur die Muskeln, nicht den Geist!«

Otto Heinrich schüttelte den Kopf und befreite seinen Mantel sacht aus den Händen Bendlers.

»Man kann die Welt auch anders sehen. Ein Aristoteles hat mehr geleistet als ein Alexander! Die Faust regiert den Augenblick, aber der Geist baut die Entwicklung!«

»Es wird dir keiner dafür danken.«

»Auch Sokrates trank seinen Schierlingsbecher – aber sein Geist des menschlichen Ideals wird ewig sein!«

»Phantast!« Willi Bendler stapfte durch die enge Laube und lehnte sich dann an die feuchte Holzwand. »Du willst den realen Weg nicht sehen! Du steckst, auch wenn du's leugnest, zu fest im behäbigen Bürgertum!«

»Nein, Bendler.« Kummer wandte sich zu ihm um. »Aber ich halte Distanz von allem, was gegen Gesetz und Sitte ist! Ich achte den Menschen, auch wenn ich ihn als Kreatur hasse. Das ist nicht Widerspruch, sondern eine eurem Geiste unmögliche Konsequenz. Der verstoßene Liebhaber wird die Immergeliebte hassen – und trotzdem weiterlieben –, ich, der Verachtete, achte die Menschen, die mich verstoßen. Denn – und das ist die letzte Wand, die uns trennt – ich glaube an die Unsterblichkeit der Seele, an den weiten Raum des ordnenden Geistes!«

Langes Schweigen folgte nach diesen Worten. Bendler hatte den Kopf auf die Brust gesenkt, lehnte an die kalte Holzwand und sann. Otto Heinrich schlug den Mantel enger um den frierenden Körper und starrte durch das kleine Fenster in die Sterne.

»Laß uns nicht mehr davon sprechen«, sagte Bendler endlich langsam. »In wenigen Tagen bin ich in Böhmen. Wir gehen dann unsere Wege. Vielleicht treffen wir uns irgendwo einmal, dann soll die kurze Stunde der Erinnerung gehören und mit der Nacht verblassen. Ein jeder Mensch muß ja sein eigenes Leben leben, am Ende, bester Freund, stirbt jeder doch für sich allein! – Nur einen Wunsch noch habe ich: Verberge mich diese Nacht und den Tag über bei dir. Wenn es wieder dunkelt, werde ich in den Wäldern untertauchen – für immer!«

Otto Heinrich nickte. Er streckte dem Freund die Hand hin und fühlte einen dankbaren Druck.

»Komm, Bendler«, sagte er. »Du sollst das Wiedersehen nicht bereuen!«

Als Bendler in die kleine Kammer trat, blieb er einen Augenblick stehen und sah sich um.

»Nichts hat sich verändert«, sagte er leise. »Der Tisch, die Lampe, der Ofen, die alte Waschschüssel und die steinharten Betten.« Er ging zu seiner früheren Bettstelle. »Heinrich, Heinrich, mir graut vor dir!« rief er lachend. »In dieser Umgebung kannst du atmen?! Ich würde hier ersticken, wenn ich es länger als einen Tag aushalten sollte!«

Otto Heinrich kniete vor dem Ofen und versuchte die glimmende Glut anzublasen. Er legte einige Scheite trockenes Holz darauf und blies so lange, bis sich eine kleine Flamme emporringelte. Dann schloß er schnell die Ofentür vor dem beißenden Qualm.

»Du willst dich sicherlich waschen und rasieren«, sagte er zu Bendler, den er erst jetzt im Schein der Lampe richtig betrachten konnte. »Du siehst aus wie ein Vagabund...«

»Bin ich auch...«

»... und Ruhe brauchst du auch! Wasser, mein Rasiermesser, Seife und alles, was du brauchst, kannst du nehmen!«

Bendler nickte und begann sich zu entkleiden.

Nachdem er sich gewaschen und rasiert hatte, griff er nach einem Flacon und träufelte sich ein Parfüm auf die Handfläche, mit dem er sein geschabtes Kinn einrieb.

»Pariser Düfte…«, er lachte. »Der Segen der Kultur… habe ich lange und gern entbehrt!«

»Aber du nimmst es doch!«

Bendler zuckte die Achseln.

»Der Mensch ist von Natur aus schwach für alle Reize.«

Er lachte wieder schallend, riß die Decken seines Bettes zurück und warf sich mit dem ganzen Körper hinein, wie es bei ihm Gewohnheit war. Laut krachte das Gestell in allen Fugen.

»Gute Nacht«, sagte er noch und drehte sich auf die Seite. »Und vergiß nicht, mich morgen einzuschließen. Es wäre für Knackfuß ein Herzschlag, wenn er mich hier fände!« Er gähnte laut. »Diese Müdigkeit – zwei Tage und Nächte auf den Sohlen, das geht in die Knochen, und endlich ein Bett. Heinrich, du bist eine treue Seele.«

Er schwieg und atmete tief. Nach wenigen Minuten war er eingeschlafen.

Otto Heinrich löschte die Lampe und lag noch lange wach.

Er unterdrückte in seiner Brust das Gefühl, mitschuldig an der Flucht eines Mörders zu werden.

Doch dieser Mörder rettete durch seinen Mord den Vater.

Aber Mord bleibt Mord! Auch der Mord als edle Tat!

Otto Heinrich fror und zog die Decke bis zum Hals.

Warum denken… wie seltsam ist das Spiel des Schicksals… Ein Freund ist in Gefahr, darf man da zögern…?

Im Dunkel der folgenden Nacht tauchte Willi Bendler unter.

Noch einmal umarmten sich die Freunde, dann hastete der Riese in langen Sätzen dem Walde zu. Über

Lauterstein und Marienberg wollte er an die Grenze und von dort nach Brüx an der Biela. Sein Freikorps, das sich bei Klostergrab sammelte, würde dann bei Burg Purschenstein wieder über die sächsische Grenze treten und versuchen, die Freiberger Mulde hinauf nach Meißen zu ziehen. Von dort aus sollten die Dinge ihren weiteren Lauf nehmen.

Voller Gedanken ging Otto Heinrich in das Haus zurück und stieß auf dem unteren Flur gegen den Apotheker Knackfuß.

Er trug über dem Nachthemd einen verschnürten Schlafrock und hielt eine lange Unschlittkerze in einem silbernen Leuchter in der Hand.

Bebend vor Erregung trat er auf Kummer zu und hielt ihm eine Kerze ins Gesicht. Geblendet von dem plötzlichen Lichtschein prallte der Jüngling zurück.

»Wo waren Sie?« brüllte Knackfuß. Seine Stimme überschlug sich und wurde grell. »Welches Frauenzimmer lassen Sie da nachts heraus?!«

»Herr Prinzipal!« Kummer reckte sich und verstärkte seine Stimme. »Ich muß schon bitten...«

»Halten Sie den Mund! Mein Haus ist kein Bordell, merken Sie sich das! Nicht genug, daß Sie die Geheimpolizei ins Haus locken und als Feigling die Aussage verweigern, kompromittieren Sie meinen ehrsamen Namen durch Ihre nächtlichen Dirnen. Sie sind ein ehrloser Lümmel!«

Otto Heinrich, über den der Wortschwall wie eine heiße Woge einstürzte, hielt sich am Rahmen der schweren Eichentür fest, um dem Wütenden nicht ins Gesicht zu springen. Vor seinen Augen flimmerte es, aber das Versprechen, Trudels Vater zu ehren, hielt ihn ab, seine Faust in das schreiende Gesicht zu setzen.

»Ehrlos sind Sie«, sprach er hart. »Sie spionieren mir nach, Sie überwachen mich wie einen Verbrecher…«

»Und mit Recht! Mit Recht!« Knackfuß schrie und stellte den Leuchter mit einem Krach auf die Konsole, die an der Längsseite des Flures stand. »Die Reinheit meines Hauses lasse ich mir nicht beschmutzen! Vor Ihnen gibt es nichts Heiliges. Nicht einmal die Unschuld eines Mädchens…«

Kummer zitterte am ganzen Körper. Er preßte die Hände an die Brust und zwang sich, ruhig zu sein.

»Lassen Sie Trudel aus dem Spiel, Sie Satan! Es wird ein ewiges Wunder der Natur sein, daß ein Teufel der Vater eines Engels ist!«

Der Apotheker keuchte. Seine faltige Haut wurde wieder gelb, die Augäpfel standen starr in den Höhlen. Jetzt kommt ein Anfall, dachte Otto Heinrich schnell, aber ich lasse ihn diesmal liegen, wenn er umfällt.

»Schuft!« geiferte Knackfuß. »Lump und Betrüger! Lügt sich die Feigheit aus dem Körper und hurt in meinem Hause! Oder bog kein Mantel um die Ecke?!«

»Ja.«

»Ah, ja! Sie gestehen! Sie sagen mir dreist ins Gesicht, daß Sie aus meiner Apotheke ein Bordell machen?! Ich setze Sie vor die Tür, heute nacht noch – Sie packen Ihre Sachen und ziehen dem Frauenzimmer nach!«

»Es war keine Frau – es war ein Mann!«

Knackfuß erstarrte. Ungläubig zwinkerte er mit den Wimpern und dämpfte seine Stimme.

»Ein Mann?«

»Ja, ein Mann.«

»In der Nacht? Heimlich?«

»Es gibt im Leben Dinge, die sich nur im Dunkeln abspielen!«

»Gewiß, gewiß!« Ein gehässiges, breiiges Lachen durchschüttelte die Gestalt des Apothekers. Voller Hohn nahm er die Kerze und wandte sich um. »Wenn es so ist. Ich werde es Trudel schreiben, daß sie ihre Liebe an einen Falschen verschwendete. Der Herr Geliebte hat lieber hübsche Männer als hübsche Weiber im Bett!«

Einen Augenblick stand Otto Heinrich wie gelähmt. Unfähig, auch nur ein Glied zu rühren, starrte er Knackfuß an und brauchte eine Zeitlang, die Ungeheuerlichkeit zu begreifen. Dann aber sprang er mit einem großen Satz auf den Apotheker zu, riß ihn herum, schlug ihm die Kerze aus der Hand und krallte sich in seinen Morgenmantel fest.

»Das nehmen Sie zurück, Sie Schwein«, zischte er und schüttelte die um sich schlagende Gestalt hin und her. »Das nehmen Sie zurück... oder... oder... ich bringe Sie um!«

»Lassen Sie mich los!« schrie Knackfuß und versuchte in der Dunkelheit Kummers Kehle zu ergreifen. »Ich überliefere Sie der Polizei! Lassen Sie mich los, gebrauchen Sie Ihre Kraft bei Ihren männlichen Liebchen!«

Vor Otto Heinrichs Augen zischte eine Flamme auf. Sie wurde größer und größer, wuchs ins Riesenhafte und blendete die brennenden Augen. Der Atem stockte ihm. »Luft!« wollte er schreien, »Luft!« und sah plötzlich in dem Meer von Feuer eine grinsende Fratze!

Mit aller Wucht seiner Faust schlug er der Erscheinung mitten ins Gesicht und taumelte zurück an die Wand.

Langsam erlosch die Flamme vor seinen Augen.

Fahle Dunkelheit umgab ihn.

Zu seinen Füßen lag, lang hingestreckt, der Apotheker.

Ein stechender Schreck jagte Kummer zum Herzen.

Er hatte Knackfuß zu Boden geschlagen.

Er hatte seinen Prinzipal geschlagen.

Das Ungeheuerlichste, Niegeahnteste war geschehen: er hatte sich an seinem Herrn vergriffen!

Mit einem lauten Stöhnen wandte er sich ab und jagte die Treppe hinauf in seine Kammer, warf sich auf sein Bett und vergrub sein Gesicht in die Decken.

Du bist ein Schuft, schrie es in ihm, du hast dich nicht beherrscht, du bist ein Lump, der seinen Meister schlägt. Den Apothekerstand hast du besudelt, du, in deiner Ehre gekränkter Fant, du, Otto Heinrich Kummer, Sohn eines ehrbaren, hochgeachteten Vaters. Dein Name ist beschmutzt, alles, alles, hast du mit diesem Schlag erschlagen… den Beruf, die Heimat, die Liebe und Ehre der Eltern, das Recht auf Achtung, die Stimme des Gewissens, die Schönheit einer erträumten Zukunft…

Lautes Weinen erschütterte den schmalen, gequälten Körper. Die Finger krallten sich in die Decken und rissen an dem Tuch.

»Vergebung«, stammelte Kummer. »Wenn keiner vergibt, du, Herr im Himmel, verzeih mir…«

Schluchzend lag er die halbe Nacht und horchte auf jedes Geräusch im Hause. Aber nichts rührte sich.

»Ich habe ihn erschlagen«, stammelte er. »Ich habe ihn ermordet… ich bin ein Mörder…«

Doch er wagte es nicht hinunterzugehen und nachzusehen. Er lag auf seinem Bett, starrte an die Decke und wand sich in der Qual seines Gewissens.

Als der Morgen graute, saß er am Tisch, der Kopf lag auf einem Blatt Papier, schlaff hingen ihm die Arme an den Seiten herunter. Ein Gänsekiel, der aus seinen Fingern geglitten war, lag zwischen seinen Füßen. Die blonden Haare waren zerwühlt und naß von Schweiß. Bleich schimmerte die zarte Haut seines Gesichtes.

Otto Heinrich schlief.

Erschöpft, zusammengebrochen, vernichtet.

Als die trübe Sonne über die vereisten Schindeln spielte, packte Otto Heinrich Kummer seine Koffer.

Der Weg in die unendliche Freiheit lag vor seinem Blick.

Mit zusammengepreßten Lippen packte er. Wie gehetzt eilte er umher.

Im Geist sah er vor sich das lange Band der Straße.

Eine Straße durch Hügel, Wälder und Täler.

Die Straße nach Böhmen.

Es war um die Mittagszeit, als Otto Heinrich von der Posthalterei die Nachricht erhielt, daß wegen des hohen Schnees erst am 20. Februar eine Post nach Dresden fuhr. Auch die Straßen nach Chemnitz und Böhmen seien unpassierbar, und eine Extrapost verkehre nur zwischen Dresden und Meißen mit Anschlüssen nach Berlin.

Eine Fahrt sei deshalb bis zum 20. Februar von Frankenberg ab unmöglich.

Ratlos saß Kummer in seinem Zimmer auf dem umgestülpten Koffer und stützte das Kinn in die auf das Knie gestemmte Hand.

Der Fluchtweg war ihm abgeschnitten.

Wie Willi Bendler zu Fuß oder heimlich hinter Kutschen zu reisen, war ihm nicht möglich. Sein Körper war die Rauheit nicht gewöhnt und mußte schon nach wenigen Stunden zusammenbrechen.

Aber auch im Haus bleiben konnte er nicht mehr! Wenn Knackfuß ihn der Polizei nicht überlieferte, so war es klar, daß er die Apotheke heute noch verließ.

Jedoch wohin sich wenden? In einem Gasthof wohnen? Man würde Fragen stellen, der Klatsch der kleinen Stadt würde hohe Wogen schlagen, sie würden ihn ersticken unter Worten... es war unmöglich, wenn er seine Ehre wahren sollte.

So saß er ohne Essen bis zum Abenddämmern auf seiner Kammer und blickte aus dem kleinen Fenster. Er sah Knackfuß einmal durch den Garten gehen und fühlte in sich eine heiße Reue, diese alte, fast zerknittert wirkende Gestalt geschlagen zu haben. Doch dann dachte er wieder an die ungeheuerlichen Beschimpfungen und empfand einen großen Triumph, seinen Namen von Unrecht gereinigt zu haben.

Leise klopfte es an die Tür.

Otto Heinrich fuhr herum und lehnte sich an die Wand.

»Ja?« rief er und wartete.

Ein Apothekergeselle trat ein und musterte Kummer ängstlich.

»Der Herr Prinzipal läßt sagen«, stotterte er, »daß Sie bis zum Ende des Monats den Nachtdienst übernehmen. Sie müßten wach bleiben und im Labor sich aufhalten. Am Tage hätten Sie dann frei und könnten schlafen. Und« – der Geselle stockte – »am 1. März käme ein neuer Provisor.«

Er nickte und trat aus dem Zimmer. Schnell schloß er die Tür hinter sich.

Otto Heinrich setzte sich auf sein Bett.

Nachtdienst!

Sonst eine Ehre – heute die Verbannung in das Dunkel, und das Verbot, sich am Tage in der Apotheke sehen zu lassen.

Verbannt in die Nacht.

Die Schatten werden zum Schicksal.

Langsam packte Otto Heinrich wieder die nötigsten Sachen aus seinem Koffer aus und legte sie über das zweite Bett. Bis zum Ende des Monats, hatte der Apotheker gesagt – noch 18 Tage Marter und Qual, Folter der Seele und Pein des Gewissens...

»Nein«, sagte Otto Heinrich laut. »Das ertrage ich nicht! Das kann kein Mensch ertragen...« Er ging in seiner Kammer hin und her und krampfte die Finger ineinander. »Ich fahre mit der Post am zwanzigsten. Ich flüchte nach Dresden und von dort zu Bendler! Mein Leben ist gestorben... ich kann den Eltern nicht mehr in die Augen sehen...«

Er hieb mit der Faust an die schräge Wand, immer und immer wieder, bis seine Hand rot wurde und anschwoll.

Später dann lag er wieder gedankenlos und leergebrannt auf seinem Bett, starrte an die Decke und spielte sinnlos mit einigen ausgerupften Fäden.

Grauenhaft schnell zerfiel sein Körper.

Entsetzlich stürzend verwirrte sich sein Geist.

Er sprach vor sich hin und ekelte sich vor seiner eigenen Stimme.

Er sah sich im Spiegel und schrie vor Grauen.

Er ersehnte nur eins, er hatte nur eine große, herrliche Liebe: den Tod!

Und so schlich er die Treppe hinunter an Knackfuß' Tür vorbei, wie ein Verbrecher, und schloß sich in der Nacht im Laboratorium ein.

Hielt Zwiesprache mit den Kolben, Retorten und Reagenzgläsern.

Sprach auch mit den Mörsern, Tiegeln und Pfannen.

Berauschte sich noch einmal an brodelnden Mischungen und dampfenden Analysen.

Spielte mit Säuren und Basen wie ein Kind mit dem Kreisel.

Als die nahe Kirchenglocke die Mitternacht schlug, saß er vor dem geöffneten Giftschrank und las mit leuchtenden, irren Augen die Namen unter den warnenden Totenschädeln.

Papaver somniferum, Mohn, Opium...

Atropa belladonna, Tollkirschensaft...

Oxalsäure, Kleesalz, Strychnin, Cyan, Kreosot, Urari, Curare...

Gift... Hunderte Gifte.

Ein Gramm nur, Otto Heinrich Kummer, ein Gramm nur... ist schnell geschluckt...

Cyan... Urari... Curare...

So saß er, bis die erste Morgenstunde vom Turme schlug. Er bediente die seltenen nächtlichen Kunden. Gab Hustentropfen aus, ein Schlafpulver, eine Brandsalbe, ein Blutstillmittel, ein Magenpflaster...

Gewissenhaft, freundlich, gewandt.

Und träumte von Gift.

Am Morgen schlich er wieder in seine Kammer, warf sich auf sein Bett und schlief.

Er aß in der Kammer, ein Geselle brachte ihm die Speisen.

Er saß am Fenster, starrte sinnend vor sich hin.

Leer, gebrochen, einsam.

Wenn es dämmerte, schlich er sich hinab ins Labor.

Er sprach mit keinem, er sah niemanden, nur den Gesellen mit dem Essen.

Er fühlte sich in einem weiten Grab.

Und des Nachts saß er vor den Giften und träumte seinen Tod.

Er schauderte bei dem Gedanken und empfand doch eine fremde Wollust.

Und mit gräßlicher Gewißheit spürte er von Nacht zu Nacht: Sein Herz schwieg...

Vorsichtig, damit sie nicht qualmen und rußen, löschte Otto Heinrich die Tranlampen und Unschlittkerzen im Laboratorium und im Laden. Nur eine kleine Lampe ließ er an seinem Tisch neben dem Giftschrank brennen.

Es war die Nacht zum Freitag, den 13. Februar 1835.

Ein trüber Tag war in einen feuchtkalten Abend übergegangen, der die Schneedecke in einen breiigen Morast verwandelte, grau, unansehnlich, häßlich, unter den Schuhen quietschend. Nun, in der Nacht, brach der Mond durch.

Eine widerliche, kalte Feuchtigkeit lag in der Luft. Sie drang durch die Kleider, durch die Ritzen der Fenster und Türen und schien sich wie eine unsichtbare Wand selbst um den Ofen zu legen.

Fröstelnd ging Otto Heinrich noch einmal durch alle unteren Räume, dann setzte er sich im Laboratorium unter die Lampe und las in einem dicken, in Leder gebundenen Buch über das Wesen der Toxikologie.

Eintönig tickte aus einer Ecke eine Uhr.

Vor dem schmalen Fenster, das auf die Straße führte, geisterte gleich das Mondlicht und floß über die Fensterbank ins Zimmer.

Noch sieben Tage, dachte Otto Heinrich, und die Post fährt mich nach Dresden und Böhmen. Noch sieben Tage, und du hast aufgehört, ein Mensch zu sein, der unbescholten ein Tropfen des großen Menschenmeeres ist.

Er klappte das Buch zu und stützte den Kopf in die Hände.

Was würde der Vater sagen, wenn er es erfährt?

Die Mutter würde weinen... die gute, gute Mutter...

Kummer starrte vor sich auf den Dielenboden und schloß die Augen. Er sah Dresden vor sich, das große Haus in der Rampschen Gasse, die Freunde Maltitz und Seditz, den Maler Caspar David Friedrich und den Baron von Puttkammer.

O Mutter, liebe, liebste Mutter... warum ist das Leben nur schön, wenn man ein Kind ist...?

Langsam sank Otto Heinrichs Kopf auf die Platte des Tisches. Unbewußt schob er die Hände unter, so daß sein Gesicht wie auf einem Kissen lag.

Versunken im Gestern schlief er und träumte von einem fernen Paradies, durch das er schritt, ohne es geahnt zu haben...

Plötzlich schreckte er auf und lauschte.

Klopfte es nicht an der Tür?!

Schlaftrunken ging er durch den Laden und öffnete das kleine Klappfenster, das in die Tür eingeschnitten war.

Eine junge Frau im langen Umhang stand zitternd auf der Straße.

Otto Heinrich öffnete die Tür, mit schnellen Schritten trat die Frau ein.

»Meinem Kind geht es schlecht«, stammelte sie, als müsse sie sich für die nächtliche Störung entschuldigen. »Es hat Magenkrämpfe. Der Doktor ist bei ihm. Er gab mir ein Rezept, das ich sofort besorgen muß.« Sie nestelte unter dem Umhang einen Zettel hervor und gab ihn Otto Heinrich. Ihre Hände waren lang, schmal und blaugefroren. »Sie möchten es sofort mischen, Herr Apotheker. Der Doktor wartet…«

Kummer nahm das Rezept mit zur Lampe und las die kritzelige Schrift. Es war ein Narkotikum, vorsichtig dosiert, gefährlich in größeren Mengen.

»Das Rezept steht unter dem Giftgesetz«, sagte Otto Heinrich und fühlte bei dem Wort Gift einen merkwürdigen Schauder. »Ich darf es nur geben, wenn Sie mir durch einen amtlichen Ausweis bekannt sind.«

Die junge Frau stammelte etwas und schüttelte den Kopf.

»Ich bin aus einem Dorf bei der Stadt. Mit dem Wagen bin ich über die Straße gehetzt wie der wilde Jäger. Mein Kind, Herr Apotheker, es stöhnt so… es wälzt sich im Bett. Mit Krämpfen! Herr Apotheker, da dachte ich nicht an Ausweise. Helfen… dachte ich nur… helfen, und der Doktor wartet und sagt, es sei schlimm! Wenn ein Doktor das sagt… muß es schlimm sein…« Und plötzlich brach sie in Weinen aus und lehnte sich an die Wand. »Helfen Sie mir, Herr Apotheker… ich bin ja ganz allein… mein Mann ist gestorben. Ich habe doch nur das eine Kind… helfen Sie mir… mein Kind…«

Das Weinen erstarb in einem haltlosen Schluchzen.

Otto Heinrich schwankte. Er trat an das Fenster und blickte hinaus. Am Brunnen auf dem Markt stand ein vierrädriger Bauernkarren. Das Pferd in der Deichsel zitterte an allen Gliedern nach der tollen Fahrt.

»Warten Sie einen Augenblick«, sagte er zu der jungen Frau und schob ihr einen Stuhl hin. »Ich werde Ihnen die Tropfen mischen.«

»Haben Sie Dank, Herr Apotheker...«, schluchzte sie und sank auf den Stuhl.

Ein Häufchen Leid.

Eine Mutter.

Mutter...

Wie in einem Traum ging Kummer ins Laboratorium und öffnete die Klappen des Giftschrankes.

Hohl stierten ihn die vielen Zeichen der Totenköpfe an. Und das Wort Mutter vor seinen Augen wurde zum grinsenden Schädel.

Mechanisch sah er auf das Rezept, zog einige Flaschen heraus, stellte die Feinwaage ein, legte die Schälchen zurecht und maß die Mengen der Arzneien ab.

Langsam ging er dann wieder zum Giftschrank.

Bleich fiel das Mondlicht auf die Totenköpfe.

Sie schienen zu leben.

Aus ihren Augenhöhlen leuchtete es schwach.

Gebannt sank Otto Heinrich auf den Stuhl und starrte auf die Flaschen.

»Was wollt ihr?« flüsterte er. »Ruft ihr mich?« Seine Stimme war heiser und hohl, als spräche sie in einem weiten, leeren Raum. »Könnt ihr nicht länger warten...?« Er tastete mit den Blicken über die Totenköpfe, zitternd bewegten sich seine Lippen... »Wie schön ihr seid...«, flüsterte er endlich und lächelte.

Gift... Gift... Hunderte Gifte...

Cyan... Urari... Curare... Belladonna... Kleesalz... Gift!

Mit zitternden Händen griff er nach einer Flasche.

Was stand auf dem Rezept... Belladonna... 0,02... Belladonna...

Die Etiketten verschwammen vor seinen Augen, eine bleierne Müdigkeit, fast eine Lähmung drückte ihn herab.

Ein wilder Wirbel zuckte vor seinem Blick. Cyan... Kreosot... Belladonna... Kleesalz... Oxalsäure... Ein Wirbel, ein toller Wirbel... die Flaschen tanzten durcheinander...

Mit großer Anstrengung griff Kummer aus dem Tanz der Flaschen Belladonna.

Er wog die Menge ab, gewissenhaft, exakt.

0,02 g.

Er mischte die Arzneien, schüttelte sie und tropfte die Flüssigkeit in eine Flasche.

Eine würgende Übelkeit drückte ihm auf den Magen.

Achtlos schob er die Flasche Belladonna zur Seite und verpackte die fertige Medizin. Das Rezept legte er in den Giftkasten.

Dann trat er wieder in den Laden, gab der jungen Frau das Fläschchen und wünschte dem Kind gute Besserung.

»Wie soll ich Ihnen danken?« schluchzte die Frau und trat auf die Straße. Eisige Luft strömte in den Laden. »Wenn Sie jemals ein Kind besitzen werden, werden Sie wissen, was Dankbarkeit ist.«

Sie eilte zu dem Wagen, sprang auf den Bock und schnalzte laut mit der Zunge.

Hart zog das Pferd an und jagte mit dem klappernden Wagen über den Markt.

Erst als er am Ende der Hauptstraße in der Nacht verschwamm, trat Otto Heinrich in den Laden zurück und schloß sorgsam die Tür.

Der Druck in seinem Gehirn hatte nachgelassen, nur die Glieder waren noch schwer wie Blei.

Er stellte den Stuhl wieder an die Wand und ging dann ins Laboratorium.

Bedächtig wusch er die Schalen, stellte die Feinwaage unter Glas und nahm dann die Flasche Belladonna, um sie wieder in den Giftschrank zu stellen.

Als er sie hochhob, stutzte er und drehte das Etikett zu sich herum.

Auf der Flasche stand: Curare...

Für einen Augenblick verschwamm vor Otto Heinrich die Umwelt in einen feurigen, brennenden Nebel. Eine prickelnde Lähmung rieselte durch den Körper. Dann wurde der Nebel leichter, und wie durch einen Schleier sah er den Giftschrank geöffnet vor sich.

In der zweiten Reihe, die dritte Flasche von links, stand Belladonna!

Ein schüttelfrostartiges Zittern überfiel ihn, schlaff sank die Hand mit der Curare-Flasche auf den Tisch. Dann zuckten die Hände empor und krallten sich vor die Augen.

»Unmöglich«, stammelte er. »Unmöglich...«

Er ließ die Arme sinken und starrte wieder auf die Flasche vor sich.

Da schrie er, gellend, tierisch, schrie und klammerte sich an den Giftschrank, schüttelte ihn und wimmerte. Er riß das Rezept aus dem Kasten, las wohl einen Namen, aber keine Adresse. Der Arzt war bei dem Kinde, er war nicht zu erreichen, und die Mutter jagte durch die Nacht und brachte das Gift, das grauenvolle, lähmende Gift... den Tod!

Den Tod aus seiner Hand!

Da wimmerte er wieder, hilflos, ratlos... denn was nützte ein Wagen, wenn er nicht wußte, wo die junge Frau wohnte; und wenn er ihr nachfahren könnte – sie wäre längst vor ihm da und hätte dem Kind die Medizin gegeben.

Die Medizin!

Das Gift!

Curare!

»Nein!« schrie Otto Heinrich. »Nein! Nein.«

Er stürzte auf den Giftschrank zu und riß die Flaschen heraus. Einzeln, hintereinander schleuderte er sie in die Ecke, wo sie zerschellten und die Gifte, der tausendfache, schreckliche, entsetzliche Tod, sich zu einer Lache stinkender Flüssigkeit vermählten.

»Satan!« schrie Kummer, wenn Flasche nach Flasche zersplitterte. »Satan! Satan!«

Dann wimmerte er wieder, irrsinnig vor Schuld und Gewissen, Entsetzen und Grauen, sah die junge Frau vor sich und hörte ihre Worte: »Sie werden wissen, was Dankbarkeit ist, wenn Sie einst ein Kind besitzen…«, und trommelte wieder an den Giftschrank, ohnmächtig in Schmerz und Wut.

In der Ecke tickte hart die Uhr.

»Aufhören!« schrie er. »Aufhören!«

Er sprang in die Ecke und stellte sich unter das tickende Pendel, stierte auf das Zifferblatt und sah das Schleichen des großen Zeigers.

»Jetzt kommt sie an«, flüsterte er. »Sie tritt ein, lächelt, nimmt ein Glas, öffnet die Flasche, zählt die Tropfen, eins… zwei… drei… vier… fünf… sechs… sieben… acht… neun… zehn… bis zwanzig… Sie beugt sich über das Kind, streichelt ihm über die schweißnassen Haare, hält das Köpfchen gerade und… und… nein… Halt! Halt!« Otto Heinrich schrie und hieb mit der Faust die Uhr herunter. »Halt! Nicht geben, nicht geben…« Wimmernd lehnte er an der Wand. »Es ist der Tod…«

Dann sank er ohnmächtig um.

Lang hingestreckt lag sein Körper auf den Dielen.

In der Lache der hundert Gifte auf dem Boden spiegelte sich trüb der Mond.

Ein scharfer, ätzender Geruch lag wie eine Wolke im Raum, abgestanden und kalt, widerlich und breiig.

Und auf den Bergen rauschten die Wälder im Wind.

Otto Heinrich erwachte, als die nahe Turmuhr die dritte Morgenstunde schlug. Dumpf hallten die Schläge durch die bleierne Nacht.

Der Mond lag unter einer dicken, schwarzen Wolkendecke.

Die Tranlampe war niedergebrannt.

Ächzend erhob sich Kummer vom Boden und wankte an das Fenster, preßte die Stirn an die Scheibe und schloß vor der Kälte, die seinen Körper durchzuckte, die Augen.

Sterben, dachte er, jetzt muß ich sterben. Es gibt keinen Ausweg, natürlich muß ich sterben. Ich gab der Frau Curare statt Belladonna, das Kind ist nun längst gestorben, und morgen früh kommen die Gendarmen und führen mich ab. Es wird einen großen Prozeß geben, mein Name wird in aller Munde sein, in allen Akten, in allen Verwünschungen. Und Vater wird man verhören, die Mutter, die Geschwister und die Freunde.

Was wird der König sagen, wenn der Sohn seines Münzmarschalls ein Mörder ist!

Er wird den Vater in Ungnade werfen.

Das Studium des Bruders ist gefährdet.

Die Mutter würde zerbrechen an dieser Schande.

Und wo sie hingehen, wo man sie sehen würde,

flüsterten die Leute: Der Kummer ist der Vater eines Mörders!

Mörder! Mörder!

Otto Heinrich stöhnte. So ist also das Ende, dachte er, natürlich, das ist einfach das Ende. Eine große Liebe, eine große Einsamkeit, eine große Schuld und ein einfaches Sterben. Wo ist da die herrliche Unsterblichkeit, wo das Ewige, das ich im Traume sah?

Leben, lieben, leiden, sterben – aus!

Wie lächerlich einfach das alles ist!

Er richtete sich aus seiner verkrampften Haltung am Fenster auf, riß seinen Mantel vom Haken, schloß die Tür des Ladens auf und trat hinaus auf den Markt.

Langsam schritt er zum Brunnen, umkreiste ihn, ging dann hinüber zu den Schaufenstern der Läden, schaute hinein und sah in dem blanken Glas schwach sein gequältes, bleiches Gesicht. Die Augen waren stumpf und leblos, die Haare wirr und strähnig.

»Das also bin ich jetzt«, murmelte er. »So sehe ich aus. So sieht ein Mörder aus?« Er schloß das eine Auge und blinzelte unter dem Lid des anderen auf sein Spiegelbild. Den Kopf legte er ein wenig zurück. Er sah in der Scheibe so aus, als spiegele sich das Antlitz eines Toten.

»Schön«, flüsterte Kummer, »wunderschön. Dieser Friede, wenn die Augen geschlossen sind.« Und plötzlich riß er die Augen wieder auf und prallte vor dem stumpfen Blick zurück, der ihm entgegenstarrte. »Ekelhaft«, murmelte er. »Ekelhaft diese Augen, dieses Leben, das nicht will, aber muß! – Ich kann mich nicht mehr sehen.«

Er schlug mit der flachen Hand gegen sein Spiegelbild und schrie: »Du Mörder!« Dann eilte er mit schnellen Schritten weiter über den Markt und tauchte im Schatten der Häuser unter.

Ziellos durchstreifte er Frankenberg, eilte durch Gassen, die er noch nie gesehen hatte, umkreiste den Weiher, auf dem die Jugend am Tage Schlittschuh lief, schlich sich zur Posthalterei und legte das Ohr an die Stalltür, lauschte auf das Scharren der Pferde und das Klirren der Ketten, lief dann zurück in die Stadt und wanderte von Laden zu Laden, in jedem Fenster sein Gesicht ansehend und »Mörder!« rufend.

Als er die Stadt durchwandert hatte, kletterte er den steilen Berghang hinauf, ächzte durch die froststarren Tannen und sank auf die Kuppe eines Hügels auf einem Baumstumpf nieder, müde, matt und nach Luft ringend.

Der Eiswind spielte in seinen Haaren, griff durch die Kleidung an seinen Körper und schüttelte ihn.

Mörder... Mörder... Mörder...

»Sterben!« schrie er da grell, sprang auf und klammerte sich an den Stamm einer Tanne. »Sterben! Ja, ich will sterben!!«

Zitternd hetzte er den Berg herab, stolperte über Wurzeln und Stümpfe, wankte im Tale durch die Straßen, riß die Tür der Apotheke auf und sank über dem Ladentisch zusammen.

Mörder... Mörder... Mörder...

»Ich halte das nicht aus!« schrie Kummer und schlug um sich, als könne er die Gesichter zertrümmern. »Ich werde irrsinnig... irrsinnig!«

Auf einmal war alles vorbei.

Verwundert ließ er die Hände sinken und blickte sich um. Sein Blick war klar, merkwürdig ruhig schlug sein Herz.

Auch seine Gedanken schwiegen. Er konnte nicht

mehr denken, er sah nur einen sinnlosen Befehl vor sich, den ihm sein Herz gab und der sein ganzes Inneres berauschte.

Wie ein Greis schlurfte er in das Laboratorium, entzündete mit Feuerstein und Zunderschwamm ein Feuer, steckte eine große Unschlittkerze an und ging zu dem Tisch, auf dem einsam die Flasche mit Curare stand.

Lange betrachtete er sie, schüttelte die Flüssigkeit und setzte dann die Flasche wieder auf den Tisch. Aus der Lade des Giftschrankes nahm er das Rezept der jungen Frau, holte die Feinwaage wieder aus der Glasglocke, stellte Schalen und Becher zurecht und begann, die gleiche Medizin zu mischen.

Peinlich genau wog er die zehnfache Menge der Gewichte ab, schüttelte und ließ die Mischung abstehen und griff dann nach der Flasche Curare.

Schwach blinkte im Kerzenlicht der grinsende Totenschädel.

Seine Augen schienen zu blinzeln.

»Alter Freund«, flüsterte Otto Heinrich, »nun ist es soweit...«

Mit ruhiger Hand hob er den Glasstöpsel, schüttete eine große Dosis des starken Giftes in den Mischbecher und schüttelte dann die Flüssigkeit gut durcheinander.

Er ließ den Trank abstehen, nahm ein Trinkglas aus dem Instrumentenschrank, füllte es bis zum Rand mit dem Gift und schleuderte dann die noch halbvolle Flasche Curare in die Ecke zu der Lache der anderen Gifte, wo sie mit dumpfem Knall zerschellte.

Im Osten, über der Kuppe der Berge, schimmerte schwach in dem Schwarz der Nacht ein hellgrauer, langgezogener Streifen.

»Der Morgen«, murmelte Otto Heinrich und trat an das Fenster. »Die Sonne! Sei mir gegrüßt, du Tag der Erlösung…«

Langsam ging er zum Tisch zurück, besann sich kurz und trat an die Stirnwand des Zimmers.

Ein auswechselbarer Kalender hing dort in einem hölzernen Rahmen.

Mit einem Lächeln steckte Kummer die Blätter um für den neuen Tag.

Für den 13. Februar 1835.

Dann setzte er sich an den erkalteten Ofen und nahm das Glas in beide Hände.

Kurz dachte er an Dresden, an den Vater und die Mutter, an die kleine Anna Luise, an Maltitz, Bendler und Seditz.

Ein Zittern durchrieselte ihn, eine gellende Angst vor dem Gift.

»Mutter…«, stammelte er. »Mutter… Vater. Verzeiht mir… ich kann nicht anders. Seid gütig und verzeiht…« Einen Augenblick dachte er auch an Trudel, doch dann verschwamm das liebliche Bild, und sein Blick fiel auf das Glas in seiner Hand.

Es blinkte und glitzerte.

Zuckend huschte der unruhige Kerzenschein über die blanke Fläche.

Der dunkle, leise sich bewegende Trank lockte.

Mit bleichen Händen führte er das Glas an die Lippen und stürzte das Gift hinunter.

Als es durch seine Kehle rann, sprang er auf und griff wie ein Blinder um sich. Eine irre Angst schrie in ihm, ein plötzliches Bewußtsein, was er getan hatte.

»Nein!« schrie er. »Ich will nicht!« Er sah auf das Glas in seiner Hand, schrie auf und ließ es zu Boden fallen. »Was habe ich getan! Ich will nicht sterben...! Vater... Mutter... Mutter... ich will nicht! Mutter! Rette mich doch, hilf mir! Ich sterbe ja... ich sterbe...« Er stürzte zu einem Schrank in der Ecke, riß ein Gegengift aus den Fächern und taumelte zu den Gläsern zurück.

Eine plötzliche Lähmung hinderte ihn, die Arme zu heben.

Mit grauenvoll aufgerissenen Augen starrte er um sich. Er wollte zu dem Stuhl gehen, aber auch die Beine waren gelähmt, er wollte schreien und merkte, wie seine Zunge schwer wurde und die Kehle sich zusammenschnürte.

»Der Tod...«, röchelte er. »Der Tod...« Er fühlte, wie sein ganzer Körper einzeln starb, Glied um Glied, und wie der Tod an ihm emporstieg, grauenhaft langsam und unaufhaltsam. Die Kerze begann vor seinen Augen zu verblassen, die zuckende Flamme wurde fahl, versank in einem Nebel und erlosch. »Blind«, röchelte er. »Komm, komm doch... Tod...« Er fühlte ganz entfernt, daß er zu Boden fiel, und wollte rufen, doch er hörte nichts mehr. Es war dunkel und stumm um ihn. Nur denken konnte er noch. Klar und schrecklich denken. Und er dachte... Mutter... dachte immer nur Mutter... Mutter... liebe Mutter...

Und Mutter dachte er, als auch das Denken erlosch.

Über die Berge schob sich der Tag herauf.

Und es begann zu regnen...

An einem offenen Grabe, ausgelegt mit holländischen Tulpen, Christrosen und Veilchen aus den königlichen Treibhäusern, stand ein schlanker Mann in schwarzer Robe.

Das weite Rund der Trauernden schwieg. Der Pfarrer war zurückgetreten. Am Rande der Gruft stützte der Münzmarschall Kummer seine leise weinende Frau, das gebrochene Dorchen.

Und der Mann am offenen Grab streute Blumen auf den Sarg und warf eine kleine Rolle beschriebenen Pergamentes den Blüten nach.

Dann blickte er stumm in die Gruft, lange, als sänne er ein ganzes Leben zurück und sagte langsam mit einem Zittern in der tiefen Stimme:

>   »Wie kurz ihm auch den Lenz der Jugend
>   die Parze des Geschickes spann,
>   er lebte als ein Held der Tugend
>   und starb entschlossen als ein Mann.«

Noch einmal blickte er auf den Sarg, grüßte hinab und trat dann gesenkten Hauptes zurück.

Da trat der Münzmarschall zu ihm, ergriff seine schlaffe Hand und drückte sie fest und innig.

Groß blickten sich die beiden Männer an. Stumm, aufgerissen, unendlich traurig.

»Ich danke Ihnen«, sagte der Münzmarschall endlich mit zitternder Stimme. »Seien Sie auch *mein* Freund, Freiherr von Maltitz…«

Als die Trauernden gegangen waren, schaufelten vier Männer das blumenüberfüllte Grab zu.

Freiherr von Maltitz.

Der Herr von Seditz.

Ritter von Bruneck.

Und Willi Bendler.

Und über den stillen Friedhof sang der erste warme Wind, spielte mit den Blüten und taute die Erde auf für den kommenden, sprießenden Samen.

Da warf der Riese Willi Bendler seine Schaufel hin,

bedeckte die Augen mit beiden Händen und schluchzte wie ein Kind.

»Ich kann nicht mehr«, stammelte er. »Er starb für nichts, für gar nichts! Das Kind hatte das Gift nicht genommen, weil dem Arzt der Geruch auffiel und er ihm die Tropfen nicht gab! Für nichts, für gar nichts – das!«

Maltitz schüttelte den Kopf und legte beide Hände auf Bendlers Schulter.

»Er suchte einen Grund zum Sterben. Er war ein Mensch, der frühvollendet sterben *mußte!* Er war die letzte Stufe eines Menschen, die ich kenne: ein einsames Herz!«

Die Wolken am Himmel zerrissen, der Wind wehte die Fetzen davon. Hell brach die Sonne durch und spielte über die Kreuze, Steine und Blumen.

»Die Sonne«, sagte Willi Bendler leise.

»Ja, die Sonne«, Maltitz blickte auf den frischen Hügel. »Sie wird ewig über seinem Grabe stehen, unsterblich wie die Seele, die ihr entgegenfliegt...«

Heinz G. Konsalik

Dramatische Leidenschaft und menschliche Größe kennzeichnen die packenden Romane des Erfolgsschriftstellers.

KONSALIK -
Der Autor und
sein Werk
01/5848

Das Gift der alten
Heimat
01/6294

Frauenbataillon
01/6503

Heimaturlaub
01/6539

Eine Sünde zuviel
01/6691

Der Geheimtip
01/6758

Russische
Geschichten
01/6798

Nacht der
Versuchung
01/6903

Saison für Damen
01/6946

Das gestohlene
Glück
01/7676

Geliebter,
betrogener Mann
01/7775

Sibirisches
Roulette
01/7848

Tödliches Paradies
01/7913

Der Arzt von
Stalingrad
01/7917

Schiff der Hoffnung
01/7981

Die Verdammten
der Taiga
01/8055

Airport-Klinik
01/8067

Liebesnächte in der
Taiga
01/8105

Männerstation
01/8182

Das Konsalik-
Lesebuch
Hrsg. v. Reinhold G.
Stecher
01/8217

Das
Bernsteinzimmer
01/8254

Der goldene Kuß
01/8377

Treibhaus der
Träume
01/8469

Die braune Rose
01/8665

Mädchen im Moor
01/8737

Kinderstation
01/8855

Stadt der Liebe
01/8899

Wilhelm Heyne Verlag

Linda Sole

Leidenschaften, Glück und Schicksal - eine meisterhafte
Erzählerin bewegender Liebesgeschichten.

01/9053

Außerdem erschienen:

**Die sanfte Macht des
Vergessens**
Roman
01/8671

**Der weiße Sommer des
Abschieds**
Roman
01/8846

Wilhelm Heyne Verlag
München

Mary Higgins Clark

»Mary Higgins Clark gehört zum kleinen Kreis der großen
Namen in der Spannungsliteratur.« *The New York Times*

Wilhelm Heyne Verlag
München

Alexandra Ripley

Ihre Romane leben von der Stimmung und der melancholi-
schen Atmosphäre des amerikanischen Südens und wurden
von der Kritik immer wieder mit »Vom Winde Verweht«
verglichen.

01/8801

Außerdem erschienen:

Charleston
01/8339

Auf Wiedersehen, Charleston
01/8415

New Orleans
01/8839

Wilhelm Heyne Verlag
München

Daphne Du Maurier

Die Meisterin der subtilen Spannung und
psychologischen Raffinesse

01/8893

Außerdem erschienen:

Das goldene Schloß
01/7884

**Wenn die Gondeln Trauer
tragen**
01/7986

Das Geheimnis des Falken
01/8090

Der Mann mit meinem Gesicht
01/8225

Die Frauen von Plyn
01/8633

Wilhelm Heyne Verlag
München